体験デザインブランディング

―コトの時代の、モノの価値の作り方―

はじめに

顧客の心をつかんで離さないブランドには、ある共通する要素があります。その要素とは、明確なブランドコンセプトや戦略、洗練されたデザインはもちろん、顧客がブランドをより魅力的に感じる、コトのデザイン「ブランドエクスペリエンス」です。

企業活動においてブランド戦略を重視している企業は、誰に、どんな価値の商品を、どんなデザインで、どこで、いくらで売るか、というマーケティング戦略が明確にあります。これらの戦略が、企業側の理想論だけで組まれたものではなく、顧客の利用実態に従って組まれたものであれば、その商品やサービスは少なからず、顧客の心を捉えているはずです。そこにコストパフォーマンスの高さが加われば、恐らくヒット商品になるはずです。

ただしコストパフォーマンスはくせものです。コストパフォーマンスを売りにした商品やサービスには、必ず二番手が現れ、一番手のマーケットを奪っていきます。そして消耗戦に突入します。

一方で独自の価値を作り、決してコストパフォーマンスでは戦わない企業も存在します。それが、真似のできない技術であれば参考になりませんが、既存の商品やサービスの捉え方を再整理し、「顧客体験」という視点で編集し直し、新しい視覚的デザインを加えることで、従来にはなかったブランドとして支持を集めているブランドもあります。実際にモノの機能価値飽和時代であっても、まだまだモノの価値をつくることができるのです。

そうしたブランドが提供する、体験デザインの開発アプローチには、デザイン発想（クリエイティブな視点を持ちながら、物事を整理していくアプローチ）が必要になります。単に整理するだけでなく、「クリエイティブな視点を持ちながら」編集し直すことが重要です。デザイナー発想の新しい価値や視点は、経営コンサルティング会社が提供するM&Aや経営効率化の文脈からは生まれることはありません。そして、その提案はイノベーティブでワクワクする、これからの事業をつくる際の重要なベクトルとなります。そんなベクトルを発見できる、「航海士」のようなデザイナーがいたら、経営者は彼を手放すでしょうか。

この本では、事業戦略に則ったブランドのコンセプトや体験のデザイン、または、体験デザイン発想で生まれた事業戦略に正しい視覚的デザインを纏わせることによって、魅力的なブランドを生み出している企業の事例を紹介し、体験デザインと、視覚的デザインの重要性について書いていきたいと思います。

なるべく広く、様々な企業の商品やサービスについて書こうと思っていますが、僕自身のバックグラウンドが空間デザインなので、企業の商品体験の話よりも、空間でのブランド体験の話に比重が寄っていることをお許しください。たとえ空間開発の話でも、そこには様々な事業領域に共通するヒントがあると思っています。

企業の体験をデザインするという領域を通して、デザイナーは、クライアントのパートナーとしてどうあるべきか、企業経営者またはブランドマネージャーは、デザイナーをいかに活用するか、という視点も合わせて感じていただけると幸いです。

室井淳司

［目次］

装丁・デザイン　服部公太郎

第1章　ブランドと体験

建築からブランドへ——日産のリブランディングを生で経験して

まず、僕がなぜ体験デザインという考え方にたどり着いたのか、その過程を僕自身の仕事の経歴を振り返りながら紹介していきたいと思います。

僕は大学の建築学科を卒業し、２０００年に博報堂に入社しました。最初に担当させていただいたクライアントが日産自動車で、当時の日産自動車は１９９９年にルノーとアライアンスを締結し、カルロス・ゴーン氏の指揮の下、企業改革の最中でした。

カルロス・ゴーン氏が最初にしたこととは事業の効率化と、ブランドイメージの刷新です。これだけの大企業のブランドイメージが緻密な戦略とアクションのもと確実に変わっていく様を、僕は外部の担当者として関わり、また一消費者として見つめてきました。日本企業の空間デザインを変えたいという個人的な想いは、ブランド戦略に基づいていない限り、単なるデザイナーのエゴで終わる、ということも、この時に実感しました。

カルロス・ゴーン体制の下、日産自動車のブランド改革の陣頭指揮を執ったのは、チーフ・クリエイティブ・オフィサーの中村史郎氏でした。中村史郎氏の下にはブランドのスペシャリストチームが組まれ、日産自動車のシンボルマークのリデザインや、ブランドを運用するための規定づくりが行われていました。普段何気なく接する企業の広告やコミュニケーションツールなどに、非常に細かいルールが設定され、運用されていることを知ったのもこの時です。

僕が日産自動車担当として初めて関わった案件は、銀座4丁目の「日産銀座ギャラリー・リニューアルプロジェクト」でした。このプロジェクトが進行している段階ではまだ、日産自動車のショールームやイベントといった、空間領域におけるデザインの規定が決定していなかったため、空間の演出や車の見せ方を含めて、模索しながらプロジェクトが進行していました。

日産自動車は、当時国内のメーカーでは、デザインを重視したブランディングを強く推進した数少ない企業です。そしてその渦中で、日産自動車の責任代理店である博報堂の担当として関わらせていただいたことが、僕のデザインに対する価値観を大きく変えました。デザインに求められることや、判断の尺度は、「日産らしさ」であり、単純なかっこよさや、美しさだけではなかったからです。「日産らしさ」＝「日産ブランド」。「日産らしいデザイン」＝「日産ブランドとしてのデザイン」。これこそが、企業にとってのデザインです。

デザインとは多様で正解はなく、強いて言えば鳥肌が立つコンセプトから発生するデザインこそ至高のデザインだ、というそれまでの僕の価値観は崩され、企業にとってのデザインとは、企業を体現するデザインであり、それこそブランドのデザインであり、それはデザインに正解があるという結論に近いものだ、という価値観へと変わっていきました。

こういった考え方の変化が、日本の企業空間を洗練させていきたいという想いを、単に

「空間デザインを変えていく」という考えから、「企業ブランドをつくっていく」という考え方へと変えていきました。

世の中には、たくさんのブランドが存在します。ブランディング活動に取り組んでいる、いないに関わらず、企業が存在する限り、そこにはブランドがあります。しかしそれまでの日本企業は、ブランディングに本当の意味で取り組んだ企業は少なかったと感じています。一方で当時から世界の企業には戦略的に構築されたブランドが存在しました。

このような、世界が実践するグローバルスタンダードなブランド戦略を、日産自動車は導入しました。ブランドは、企業の人となり「企業らしさ」を規定する、ブランド・アイデンティティ(=BI)を軸に構成されています。日産自動車のブランド・アイデンティティは「Bold & Thoughtful」です。「誠実に考え抜き大胆に行動する」。これが日産らしさになります。このブランド・アイデンティティを象徴するシンボルとして存在するのが

CI（＝コーポレート・アイデンティティ）であり、ブランドの見え方を規定するのがVI（ヴィジュアル・アイデンティティ）です。

僕が日産銀座ギャラリーのリニューアルプロジェクトを担当している時に、日産自動車では、規定されたBIを軸に、ブランドの見え方を規定するVIのつくり込み作業も進行していました。そして空間領域のVIは、日産銀座ギャラリーのプロジェクトの実践の中で、規定されていきました。グラフィックや映像であれば、運用のルールづくりにある程度のフォーマットが存在します。しかし空間デザインの運用にはフォーマットが存在しませんでした。

例えばそれは、全ての空間で統一するべきデザインのモチーフだったり、空間で使われるべき仕上げ材の色や感触、空間に置かれる車の角度、照明の照度、輝度、色、車にあたる光の角度、スタッフのユニフォームなど、非常に多岐に渡り、またプロジェクト毎の予算に応じて使える素材が変わってくるため、安易に規定できるものではありませんでした。

空間のデザインが安易にマニュアル化できない一方で、日産らしい空間デザインは何か？　という議題に対する、クライアントとのディスカッションやデザインジャッジを正面で受けていると、僕の中に、「日産らしい空間」のトーン&マナーができあがっていきました。当時の博報堂には、日産自動車に対して空間デザインを提案する人間が少なかったため、博報堂から日産自動車に提出される空間領域のデザインは、事前に僕がチェックをするという暗黙のルールになりました。これにより、この提案が日産自動車の空間デザインとして相応しいデザインかどうかという視点、つまり、ブランドマネジメントの視点が身に付いていきました。

こうした経験を経て、ブランドをつくり維持していくことが企業にとって、どれだけの資産をつくり上げることになるか、という事実を感じていきました。

一からブランドを立ち上げる経験をして

博報堂に入社して4年経つと人事異動があります。これは、若い人材に様々な部署や職種の経験をさせることで、個人の視野やスキルを広げていくことを目的としたもので、非常にすばらしいルールです。当然、僕も異動の対象になるのですが、僕は入社3年目で一級建築士の資格を取得していたこともあり、引き続き空間プロデュースのチームで、プロフェッショナルスキルを磨いていくことになりました。人事規定に関してもステレオタイプに全ての人材に適用しないフレキシブルな対応力がある面は、博報堂の良いところだと思います。

ただし、広く経験を積むという意味で、担当クライアントが変更になりました。次に担当になったのは、「青山商事」の「スーツカンパニー」の空間ブランドマネジメントの仕事でした。僕にとっては「店づくり」のキャリアスタートとなった仕事です。

「スーツカンパニー」は、スーツの買い方を変えた革新的な業態を提案したブランドです。複雑だったスーツ選びを、2プライス3スタイルという、極めてシンプルで買いやすい購買行動に変えました。価格は1万9800円と、2万9800円の2種類のみ。そしてスーツの基本の型も3スタイルに絞り込まれています。極めてシンプルな商品構成のため、店内の隅から隅までスーツがずらりと並んでいても、見て回ることが嫌になりません。スーツを細かく見なくても、スタイルは3つで、価格は2つです。店内をざっと歩いて、気に入った生地のスーツを手に取れば、あとはスタイルを選ぶだけ。店舗空間は、この購買体験に合わせてシンプルにつくられています。こういったシンプルなコンセプトや業態が若いビジネスマンから支持され、全国に店舗を展開していきました。

僕が担当になった時には、「スーツカンパニー」のブランドや店舗領域のデザインガイドラインは既に完成していました。そこで、僕の役割はそのデザインガイドラインに沿った、空間のデザインディレクションでした。デザインガイドラインが定められていても空間は、入店するテナント区画に合わせて設計をしていかなければならず、そこでデザインガイドラインをどう落とし込むかが重要になります。各店舗の設計のディレクションや、店内に掲出するビジュアルの見せ方、サインやＰＯＰのディレクションを担当していました。

「スーツカンパニー」が順調に出店数を広げていく最中、青山商事でさらに新しい仕事が始まりました。「スーツカンパニー」の当時の事業部長が主導して、新たなセレクトショップブランドの立ち上げが始まったのです。まさにゼロからのブランドづくりです。

ブランドのコンセプトをどうするか、ターゲットをどうするか、何を主力商品にするか、商品ラインナップはどうするか、商品価格はどうするか、ロゴはどうするか、ネーミングはどうするか、店舗のデザイントーンはどうするか、施工坪単価をいくらにするか、店内音楽はどうするか、他のセレクトブランドと何で差別化するのか、ショップツールのデザインはどうするか…など、ゼロからの立ち上げは、規定しなければならない事柄が大量にありました。

ブランドづくりには、「靴」に強みを置いたブランドにしていきたいという、明確な戦略がありました。このビジョンに則って「服に合わせて靴を選ぶのではなく、靴に合わせて服を選べる」ように、店舗内のメイン動線に沿って靴を配置した基本ゾーニングを設定しました。また、ブランド戦略で規定したターゲットが、正しくブランドのイメージを受けとれる様に、空間デザインのトーン&マナーを開発していきました。ブランドのロゴやキービジュアル、ショップツールなどは、博報堂のアートディレクター鈴木克彦氏が担当し、約1年後に「UNIVERSAL LANGUAGE」として、渋谷に1号店がオープンしたのです。

それは事業計画から始まり、ブランディング、店舗開発、コミュニケーションまで全てに携わらせていただいた非常に貴重な経験でした。まさに、一つの企業を立ち上げるような密度の濃い体験です。その後、渋谷の1号店を初め、新宿、横浜、大阪の店舗までを空間のデザインディレクターとして携わり、以降札幌、川崎の店舗では空間のデザインマネジメントを行いました。

顔の見えない、エンドユーザーの価値観を捉える

青山商事の業務と平行して、大手通信会社のショップブランディングにも携わりました。大手の通信キャリアが運営する携帯電話販売店の多くが、別の会社が運営する、販売代理店の形態をとっています。よって、店舗のデザインはそれぞれの販売代理店に基づき、キャリアのブランドショップとしてデザインが統一されているものではありませんでした。訪れるショップごとに店舗のデザインが異なると、看板は同じでも、顧客に与えるブランドのイメージが変わります。そこで、店舗ブランドマニュアルを作成し、各販売代

理店に配布し、マニュアルの通りに店づくりを行ってもらうことでブランドの統一を図る必要があります。こういったブランドマニュアルは強制力を持ち、日本中全てのエリアで同じデザインや価値を顧客に提供することを目的としますが、各エリアや店舗に紐づく顧客特性を見落とすと、既存顧客にとっては使いづらい店舗になってしまいます。

北海道から沖縄まで、国内何千万人、老若男女の顧客を持つ通信会社が運営するショップのデザインとして、はたしてどんなデザイントーンが相応しいのか。それまでの自動車会社やアパレルのブランドの様に、ブランド戦略に則ったハイデザインであることが前提にあれば、デザインの方向やジャッジはブランド視点で明確に行うことができます。一方で、「どういうデザインならお客様に安心・安全のブランドと感じてもらえるか」という、お客様の気持ちの部分を優先するデザインアプローチでは、正解を探すのはなかなか難しいことでした。それは恐らく、僕が無意識の中で、デザインを洗練させる方に向きがちだったからだと思います。

しかし、冒頭に書いたように、ブランディングとは企業らしさの体現です。その企業らしさを可視化するためにデザインは存在します。視覚に訴える、目に見えるデザインのあり様で、顧客は企業の印象を決定付けてしまいます。自分がよかれと思って選択したハイデザインも、顧客がそのブランドに求めていたイメージと異なれば、顧客の期待を裏切る可能性があるのです。

1年のうち9割以上を東京で過ごしている僕にとって、田畑が広がる中に立地する携帯電話販売店の様子は想像することができませんでした。少なくとも都心のショップでは、混み合った店内で椅子に座った客がそれぞれ無言で自分の順番を待ち、店舗スタッフはテキパキと働いていています。ビジネスタウン立地のショップでは大半の客がスーツを着たサラリーマンで、スタッフや来店者がつくり出す店内の空気は少しキリっとしています。当然そういったシーンを毎日見ていると、ビジネスラウンジの様な店舗デザインが良いのではとか、少しステータスを感じるデザインのトーンにしてみてはとか、デジタルサイネージを導入してオペレーションの効率化を図ってみては、などという考えが浮かんできます。

しかし、日本中に店舗があるそのブランドの顧客は、そんなターゲットだけではありません。むしろ、東京都心の店舗など、数あるショップの一握りにすぎないのです。この様な状況の中、新しい店舗のゾーニングやオペレーション、空間デザインが、それぞれ異なる属性の顧客を抱える店舗で、どの様な効果を発揮するかを検証するために、関東近県に4店舗のパイロット店舗が設定されました。サラリーマンが多い都心のビジネスタウン立地に1店舗、若者が集まる都心の若者の街立地に1店舗、郊外の駅前立地に1店舗、車来店者が大半を占める、ロードサイド立地に1店舗でした。

すべての店舗で、新しいオペレーションを統一で導入し、空間デザインのカラーリングを都心と郊外で若干変更し、郊外は都心よりも明るく、ファミリーや子供がリラックスして滞在しやすい空間デザインとなりました。新しい空間デザインは、来店者にも好評で、店内の雰囲気は従来の空間よりも、良くなり、開店後の顧客満足度調査でも良い評価を得ることとなりました。

新しいオペレーションも、混乱することなく導入することができました。しかし特に地域の店舗に関しては、効率を重視した新オペレーションだけだとカバーできない領域が存在しました。地域にある店舗は都心の店舗に比べて、来店者との関係が深いケースが多く、店舗自体がコミュニティの場として機能しているケースがあったからです。初期の店舗デザインでは、いかに早く対応し、来店者の待ち時間を減らすか、という課題に取り組んでいましたが、こういったコミュニティを重視した店舗では、回転率の向上と待ち時間の低下がそのまま顧客満足度向上に繋がるとは限りません。ゆえに、顧客との関係性を決定づける、店舗独自のホスピタリティやオペレーションは、店舗毎にある程度カスタマイズできる領域として、余白を設けることで店舗の独自性を失わないように対応しました。

ブランド空間のデザイン開発は、ブランドのトーンやフィロソフィを忠実に可視化することが求められます。店舗や空間でブランドを構築する時は、もちろん空間デザインありきなのですが、店舗や空間ブランドを構成する要素は、そこで働くスタッフの雰囲気や、店内BGM、様々な什器やツールのディテール、時には香りに至るまで、多岐に渡ります。

店舗開発の領域ではよく、「人、モノ、空間」と言います。その店舗の空間デザインはもちろん、働くスタッフの雰囲気、商品の扱い方、見せ方で店舗全体の価値が決定される、ということです。つまり、店舗・空間開発では空間設計に目が行きがちですが、あくまでも設計は全体の一部にすぎず、本当に大事なことは、スタッフのオペレーションや雰囲気、商品の見せ方や体験のさせ方を含めて、新しい業態や体験の価値をつくりだし、その価値を伝えていくために、デザインや様々な事柄をまとめていく視点なのです。

なぜ体験か？――モノからコトの時代へ

近頃、世の中の消費を語る文脈が、「モノからコトへ」変わった、と言われています。モノからコトへ。たとえばそれはカメラ（モノ）を購入するのに20万円使うなら、旅行

（コト）にお金を使うという、消費意向の変化を指します。しかし、そもそもモノ自体は顧客の体験を伴うケースが多いため、世の中のモノ消費は、裏を返せばコト消費だと言えます。

たとえば、車というモノを構成するコトに関して考えてみます。300万円払って車を買い、乗車もせずに自宅のガレージで鑑賞するだけの人にとっては、車は鉄の塊であり、ただのモノかもしれません。しかし、たいていの顧客が購入しているのは、車を介して得られる行動範囲の拡張、選択肢の多様化、ドライブを通して得られる楽しい時間。つまりは、人生を豊かにする「体験（コト）」です。この体験を購入することを消費の目的とすると、車はわざわざ所有しなくても、レンタルで足りてしまいます。つまり、車を買うというモノ消費は、そもそもこれらの体験（コト）を手に入れるための消費であることがわかります。

その意味でレンタカーやカーシェエアリングは車がもたらす体験（コト）を時間単位で

商品化して提供しているサービスだと言えます。また同じレンタカーでも、もっとデザインや乗り心地のいい車に乗りたいなど体験（コト）を豊かにしていくレベルに応じて値段が変わっていきます。つまり、顧客は「体験（コト）」の豊かさにお金を払っていて、そのクオリティに応じて値段がついているのです。

もう一つ、僕がクリエイティブディレクションを担当させていただいた、「キリン一番搾りフローズンガーデン東京」の店舗での例を挙げてみます（このプロジェクトの詳細は5章で詳しく述べます）。

「一番搾りフローズンガーデン」とは、当時のキリンの新商品「一番搾りフローズン〈生〉」が体験できる、コンセプトショップで、全国6都市に展開されました。２０１２年の来場者数は37万人にのぼり、多くのお客様がこのコンセプトストアを楽しんでいただけたと思います。この中で、顧客は体験にお金を払っているという事実を、実感する機会がありました。

6都市で一番大きな規模だったのは「一番搾りフローズンガーデン東京」だったのですが、ビルに囲まれた大手町の空地に、屋外の客席をもつビアガーデンとしてオープンしました。ここでは話題の「一番搾りフローズン〈生〉」が飲めるのですが、近隣の店では100円安く同じ商品を提供していました。つまり、「一番搾りフローズン〈生〉」を飲むという、モノ消費が目的であれば、100円安い近隣店舗に行ったほうがお得なのです。ではなぜ、人々はわざわざ100円高い「一番搾りフローズンガーデン」にビールを飲みに来店したのでしょうか。

それは店舗空間の気持ちよさだったり、キリンがフラッグシップとして出店している場の特別感だったり、ビール体験を豊かにする様々な店舗の仕掛けがあったり、なによりも「仲間と過ごす楽しい時間」を豊かにするための空間構成になっていたからです。つまり、この「一番搾りフローズンガーデン」に来店しないと手に入らない「体験のクオリティ」が100円を超えていたからこそ、来店者はわざわざ100円高くてもこの場所に訪れてくれたのです。

モノを売る、ということは、モノを介して顧客が得ることができる体験（コト）を売る、ということです。であれば、モノを売るための施策をあれこれ考えるより、モノをコトとして体験してもらう施策を考えるほうが、顧客のリアルに近いアプローチなのだと思います。ですから、ブランドの体験をデザインする、という視点は重要なのです。

ブランドの体験とは?

僕が「ブランドの体験」に注目するきっかけになったのは、店舗における顧客の体験をいかにつくるか、という視点で空間づくりを行ってきたからです。しかし、ブランドの体験とは本来、ブランドとお客様がリアルに接する全てのタッチポイントに生まれるもので、店舗や空間に限った考え方ではありません。

たとえば、自動車のＢＭＷのブランド体験において最も象徴的で重要な体験は、ＢＭＷに乗ることです。ＢＭＷのドライビング体験が他社よりも魅力的である限り、ＢＭＷの既存顧客がＢＭＷを離れることはないでしょう。つまり、ＢＭＷのブランドを構成する要素として、顧客にどんな「ブランド体験」を提供するかは、車のデザインをどうするか、ＣＩをどうするか、といったことと同様に重要なことなのです。

ＢＭＷのブランド体験とは、手の中に納まったキーのデザイン、近づくと見えてくる車のエクステリアデザイン、ドアを閉める音、シートの柔らかさや感触、エンジンのスタート音、インテリアのデザイン、スピーカーの音質、走りの感触など、商品体験のディテールのすべてが含まれます。ＢＭＷは、エンジンの始動音で特許をとっていることも有名です。こういった目に見えない事柄も、ブランド体験を構成する重要な要素であることをＢＭＷは知っています。

メーカーにおけるブランド体験は、何よりもまず「商品自体の体験」がピラミッドの頂点に当たります。一方でBMWに乗るという象徴的な体験以外にも、BMWというブランドを体験する全てのタッチポイントにおいて、BMWらしさが再現されているべきです。ショールームの体験はもちろん、ディーラーでの体験、イベントでの体験しかりです。顧客は、BMWに関わるあらゆるタッチポイントで、BMWに裏切られることはありません。この顧客との信頼関係が、BMWがBMWであり続けられる理由です。

ブランド体験を買うということ

メーカーと異なり、ブランドと顧客との接点の全てが体験で構成される業態の象徴的な例はホテルやエアラインなど、モノではなくコト（＝サービス）を売る企業と言えるでしょう。このような業態の企業は、顧客との全ての接点においてブランドが表現されているべきです。

ホテルを例にして考えてみましょう。ビジネスホテルと、高級ホテルの違いは何でしょうか。何よりも、売っている「コト」が違います。一泊6000円~7000円のビジネスホテルが顧客に提供している価値と、一泊2万円以上の高級ホテルが顧客に提供している価値は全く別のものです。

ビジネスホテルを利用する顧客は、手頃な価格で一晩を過ごすことができる機能を求めています。この機能を極限まで追求した業態がカプセルホテルになります。顧客がビジネスホテルを利用する際の価値観は、一晩を過ごすためのコストパフォーマンスであり、リッチな体験ではありません。

一方で、高級ホテルを利用する顧客は、リッチで非日常な空間体験を求めています。普段と違うベッドや、リッチな空間、アメニティ、サービス、食事。一晩を過ごすという機能のためだけには高すぎる対価を支払うのは、支払っている対象が機能ではなく、チェックインからチェックアウトまでの18時間の非日常体験だからです。

つまりこの両者は売っているものが違います。売りものが違うということは、同じ業界でも競合ではありません。ビジネスホテルのユーザーも、翌日には大切な人と高級ホテルに宿泊しているかもしれません。高級ホテルに泊まる予定の顧客を、ビジネスホテルがプロモーションで奪うことはできません。そして逆も同じです。顧客が求めているものが違うからです。

宿泊できる機能を売っているビジネスホテルと、18時間の滞在時間におけるブランド体験を売っている高級ホテル。ここにはホテルとして、どちらがよいのかという比較の文脈はありません。売りものが異なるのです。

体験は、デザインとセットで語られる

ここで一度、この本で度々使われるブランドという言葉の概念を整理しておこうと思います。「ブランド」や、「ブランディング」という言葉は、業界によって解釈のされ方が異

なるようですが、わかりやすく言えば、ブランドはその企業・商品「らしさ」と言えます。企業ブランドづくりは、人のパーソナリティをつくる概念と同じです。そこで、ここでは「らしさ」を人のパーソナリティで紐解いていきます。

日産自動車におけるＢＩ（ブランド・アイデンティティ）は、「誠実に考え抜き大胆に行動する」というものでした。これは「らしさ」を語る上で「パーソナリティ」にあたる部分です。ブランドを人で表した場合、その人はどのような基本的な考え方、価値観を持っている人か、という人格を構成する部分がＢＩにあたります。つまり、「ミスター日産自動車」は、「誠実に考え、大胆に行動する人」ということが言えます。

これに対してＶＩ（ビジュアル・アイデンティティ）はその人の「パーソナリティ」を他人に正確に伝えるための「外見」にあたります。「誠実に考え、大胆に行動する人」は、どんな顔つきをしているべきか、どんな体つきをしているべきか、どんな服を着ているべきか。この外見が、ＢＩにあたる基本的な性格や価値観とずれていては、他人に自分を正確に伝えていくことができません。ブランドの世界では、保守的で真面目なブランドに、モヒカンヘアーの見た目を与えることは許されないのです。

コミュニケーションにおいて、視覚が占めるインパクトは決定的なものです。人は具体的に目に見える色や形で印象を決めてしまうからです。たとえその人が、保守的で真面目な人だとしても、モヒカンヘアーで表れれば、他人はその人を保守的で真面目な人とは判断しません。保守的で真面目な人としての見た目をつくることで、その人のパーソナリティは、より正確に相手に伝わっていきます。

つまりＶＩというのは、ＢＩを正確にビジュアライズしたものでなくてはなりません。この概念に則った時に、デザインに「正解」が生まれてくるのです。ブランドとデザインはセットです。だからこそ、経営者のパートナーとしてのデザイナーはブランドの戦略をつくる上流の領域で、大きな役割を果たさなければならないのです。

ＶＩが完成すると、いわゆるブランディングのプロセスは終わりに近づいていきます。ブランディング会社の場合であれば、ＶＩマニュアルを納品して業務終了といったところでしょうか。しかしまだ、そのマニュアルに体験の概念が入っているか、という疑問が残ります。ブランドにおける体験とは、どういった概念でしょうか。ブランドを人に例えた話の流れで考えていこうと思います。

ブランドが「ある人」だとすると、ブランド体験とは、他人が「ある人」を体験することになります。つまり、「ある人（ブランド）」と、他人が一緒に過ごした時に、他人は「ある人（ブランド）」をどの様に感じるのか、その印象が、「ある人（ブランド）」の印象になります。その場合、「ある人（ブランド）」の考え方（ＢＩ）や、見た目（ＶＩ）と同様に、「ある人（ブランド）の態度」も重要な要素になっていきます。ＢＩとＶＩが規定されていれば、第三者は「ある人（ブランド）」の人となりを他人に伝えることができるかもしれません。しかし、「ある人（ブランド）」と他人が実際に出会った時に、他人にとっては聞いていたイメージと違う印象を持たれる可能性も残っています。よって「ある人（ブランド）の態度」を規定することは非常に重要になります。ここには「Behavior Identity」という概念があります。体験は、他人との関係性を伴って成立するので、この概念が企業側の一人よがりのものにならない様に、他人側からの視点でも、規定している内容をチェックするべきでしょう。

アップルの商品は非常に魅力的です。第一にその魅力は、ブランドの持つ世界観や、デザインにあります。しかしアップルの商品は、それを使う体験にも喜びがあります。そのユーザーエクスペリエンスは、緻密な体験デザインの上で一本の軸の中で構成されています。他社がどれだけアップル製品のデザインを真似ようとも、使用体験を近づけることができなければ、模倣品のレベルにさえも到達することはできません。だからこそ、アップルは魅力的なブランドであり続けるのです。

ブランド体験の重要性に絡めて、ターゲットセグメンテーションの重要性についてもお話ししておこうと思います。ブランドは、誰に向けたものなのか。ブランドやブランド体験のレベルを上げたいと思えば、ターゲットは明確でなければなりません。つまり、他のターゲットは捨てる覚悟が必要です。

企業の仕事でまれに、「オールターゲット」という設定があったり、「メインターゲットは40代男性、サブターゲットに20～30代の男女」などといった、ちぐはぐな設定がされているケースがあります。たくさんの人に商品を使ってもらいたい、という気持ちはわかりますが、この様なケースは、戦略がないのと同じです。また、ターゲット設定は価値観によって行われるべきで、年齢や性別のみでターゲットを決めていくのは、やや大雑把とも言えます。

ブランドは、ターゲットに設定している顧客に対して明確に伝わればよいのです。ターゲットではない人には、同じメッセージを発信しても間違った捉えられ方をされるかもしれませんし、毛嫌いされるかもしれません。体験を伴うブランド伝達手段は、ごまかしがききません。広告でどれだけブランドのイメージを上げても、リアルなブランド体験はブランドの全てを物語ってしまいます。ならばブランドは、設定したターゲットにいかに好かれるか、という戦略を割り切って突き詰めていった方がよいのです。

先ほどの例と同様ですが、アップルは明確なターゲットを設定し、そこに向けたブランド開発をしています。アップルファンは世の中に多くいますが、同様にアップルが嫌いな人も世の中にたくさんいます。しかしそれは、明確にアップルのブランドが理解されているからであって、個性や存在感のないブランドは、好きの対象にも、嫌いの対象にもなりえません。

アップルの製品体験と同様に、アップルのブランド体験を提供する「アップルストア」を覗いてみましょう。アップルの製品は、一目でアップルの商品とわかる外観をしています。店舗も同様で、アップルストアの外観からリンゴのマークを外しても、誰もがアップルストアとわかるだけの個性を持っています。そのミニマルデザインに込められたフィロソフィが、アップルのブランド自体を物語っているからです。つまり、ブランドとデザインが密接な関係を持った例といえます。

アップルストアは、そのインテリアからも、製品同様のフィロソフィが感じられます。空間に一定の間隔をもって配置された商品陳列に無駄なＰＯＰは置かれておらず、商品体験のための空間となっています。賑やかしのためのＰＯＰも、派手なプロモーションポスターも、リアルな商品体験を前にしてはノイズにしかならないということをよく理解しているからです。

カジュアルな青のポロシャツ姿の店員はフランクな接客をしてきます。客としてとにかく丁寧に扱われたいという考えを持つ人や、旧来型のホスピタリティを重視する人であれば、アップルストアの接客スタイルは苦手に思うかもしれません。しかし、もしもアップルストアにいて居心地が悪いと感じるなら、その人はアップルの「ターゲット」ではないということかもしれません。アップルストアでは、空間デザインや接客の態度含めて全てが、アップルの体験に結びついています。ゆえに、アップルストアの体験が苦手な人は、アップルの商品体験自体も苦手に思うのかもしれません。

アップルが顧客を選ぶのと同様に、アップルストアも顧客を選んでいます。「全てのお客様にとって」という日本的な考え方で見れば、ブランドに共感してもらえる人にターゲットを絞り込む戦略は、少々ドライに見えるかもしれません。しかし、この明確な戦略がアップルというブランドをつくっています。そして、ブランドを取り巻く顧客がまた、ブランドをつくっているということも重要な側面です。アップルブランドを取り巻く顧客はアクティブで、インテリジェンスにあふれ、アーティスティックです。アップルブランドを取り巻く顧客が暗く、ものぐさで、センスの悪い顧客であれば、アップルは今の様なブランドにはなりえません。アップルストアに集まる人たちが前者の様なパーソナリティだからこそ、アップルストアは、アップルファンにとって共感できる場所となり、その市民権に憧れた人たちが新たなファンになっていくのです。

デザインは、ブランドのアイデンティティを忠実に再現したもの、ブランドのフィロソフィを可視化したものでなければなりません。またブランド体験も同様に、ブランドに忠実に紐づいているべきなのです。そして体験を考える際には必ずブランドの横にいる顧客がどのような気持ちになるのかを考えなければなりませんし、ブランドからすると、どんな顧客と一緒に時間を過ごしたいか、というターゲットセグメンテーションも明確に行わなければなりません。

これがブランドと、デザインと、ブランド体験の関係性であり、これらは有機的な関係で繋がり、育っていくものだと思います。

体験は広がる

「百聞は一見にしかず」という言葉があります。さらに言えば、「百見は一体験にしかず」です。

企業はマーケティング予算の大半を、マス広告に投入します。もちろん、マス広告は認知を獲得するという意味では最も効果のある手段ですが、なかなか顧客の心を動かし、行動を起こさせるまでには至りません。顧客をウェブの検索まで誘引することがマス広告にできる限界ではないでしょうか。そしてウェブ上には企業側が意図しない、リアルな情報が溢れています。顧客は、企業側が提供する情報と、他の顧客が提供したリアルな情報を客観的に判断し、購買行動に移ります。やっかいなのは、他の顧客によるリアルな情報は、数が集まることで企業側の情報よりも信頼性が高まるということです。それならば企業は、このリアルな情報の精度を高めることにも力を入れなければなりません。

顧客が提供するブランドに関するリアルな情報は、ブランドの体験をベースに語られています。この情報は真実味に溢れ、情報深度は深く、だからこそ広がっていきます。

東京ディズニーランドの情報を人に語らせる際、東京ディズニーランドのＣＭを１００回見ても、『王様のブランチ』で特集を１００回見ても、１回でも行ったことがある人が語る情報の真実味と深さにはかないません。見るだけ、聞くだけ、読むだけの経験よりも、五感をフル活動したリアル体験に込められた情報量は勝るのです。

体験者は東京ディズニーランドで感じたこと、見たこと、聞いたこと、味わったことの全ての体験を、なかば熱をもった状態で他人に話すことができます。体験者がそれだけ熱心に語る状態を見て、１００回ＣＭを見ても行きたいと思わなかった人が、つい「私も行ってみようかな」と感じるかもしれません。体験者によるリアルな情報は、時にマス広告よりも人を動かすのです。

そして今や、その真実の情報は、ＳＮＳやブログ等を介して、広がっていきます。リアルな感想としての口コミ情報は１００倍、２００倍を超えて広がっていく時代です。１万人の体験を、１００万人が知る時代と言えるでしょう。

もちろん「体験」そのものにリアルな感動や真実がなければ人に伝えたいという気持ちは起きません。また、「体験」の感想は必ずしも企業にとって都合よく魅力的であるとは限りません。ある人が体験した悪い印象やクレームさえ１００倍に拡散され、大勢の人に情報として届きます。だからこそ、企業は、このリアルな情報のコアとなる「体験」に細心の注意を払う必要があるのです。

自動車の体験に置き換えるなら、どれほど洗練されたＣＭを１００回見せるよりも、最高にスタイリッシュなPVを100回見せるよりも、たった一度の試乗体験が、確実にファンを増やすことがあります。マス広告で認知は獲得できでも、深い情報提供までには至りません。ウェブでは詳細な情報を提供できますが、感動までは提供できません。しかし、今は五感を使った体験と、その情報拡散が、真実の魅力を伝えていくための手段として、注目される時代なのです。

リアルなブランド体験を構成する3つの要素——design、operation、product

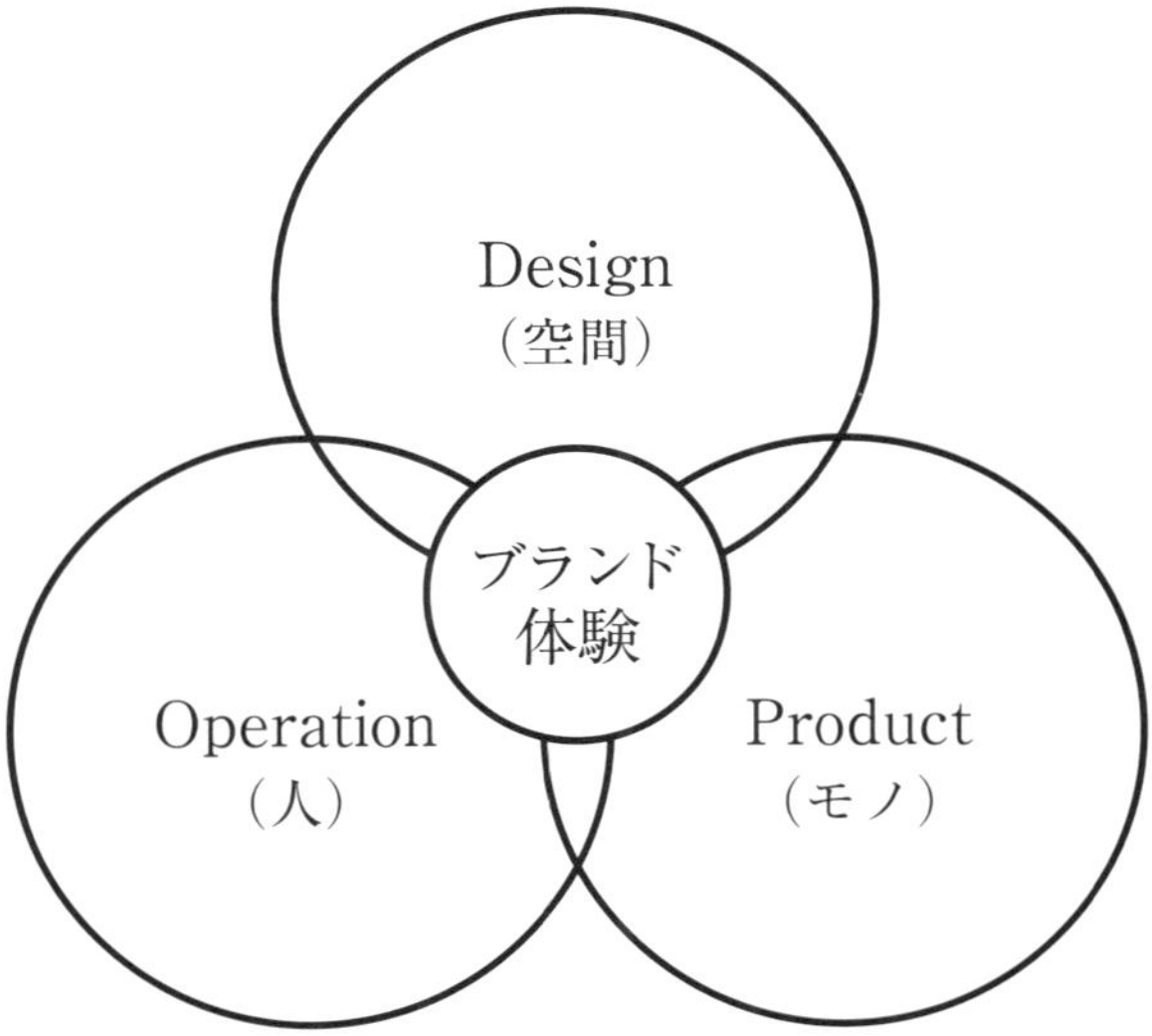

ここから少し、概念的な話をしていきます。「ブランド体験」を構成する要素とは何なのでしょうか。

ここでは、リアルな体験を伴うブランド空間の開発アプローチをもとに、ブランド体験を構成する要素を考えたいと思います。先にも述べましたが、昔からよく店舗価値を構成する3要素として、「人」「モノ」「空間」の3つが語られてきました。

まず、**「人」は接客（operation）**に該当します。

どんなスタッフが、どんな格好で、どんな接客を行うか。

例えばスターバックスでは、若くて元気の良いスタッフが、緑色のエプロンを着て（一部の優秀なバリスタはブラックエプロンを着用している）「こんにちは」とお客様に挨拶しています。「いらっしゃいませ」ではなく、「こんにちは」という挨拶に、スターバックス流のオペレーションのこだわり、接客に対する姿勢が感じられます。

次に、「モノ」は、主には商品（product）に該当します。

これは店内でどの様に商品が扱われるか、どの様に見せるか、ということです。

例えば先に挙げたアップルストアでは、平たいテーブルに、一定の間隔を持って商品が展示されています。これは「商品を体験してもらうこと」を、店舗で最も重要な役割と位置づけているアップルの姿勢を感じさせる商品の扱い方です。

対象のブランドがメーカーではない場合、この項目は出てこないということになります。

最後の「空間」とは空間デザイン（design）のことです。この場合の、空間デザインにはブランドとして相応しいデザインであることが重要です。

仮にブランドイメージが顧客に浸透している企業であれば、店舗（空間）からサイン（看板に示されるＣＩなど）を外しても、店内のインテリアデザインを見るだけで、これがどこのブランドか、顧客が認識できるレベルにまで達しています。この状態をつくることができて初めて、デザインがブランドを体現していると言うことができます。

この様に、ブランド空間を構成する要素は、ブランドとしてあるべきデザインで、どの様にブランドを感じてもらいたいかが明確になった接客オペレーションで、商品が魅力的に見える店内陳列で揃っている必要があります。この様なブランドの空間は、最終的には、お客様にどういう体験をしてもらいたいか、という考え方で語られるべきものになっている必要があります。

体験シナリオの構築は、ブランド体験の精度を高める

ブランド空間を開発していく上で、先に説明した3つの要素は前提条件になります。さらに空間を具体的に構成する段階に入ってきたら、来店者がどのような順番でブランド空間を体験していくかが時系列にまとめられた「体験シナリオ」を作成することで、来店者のブランド空間体験をシーン毎に切り出し、深めることができます。

体験シナリオは時間と空間の制約を受けるので、ミラクルは成立しません。決められた条件の中でできる範囲のことしかできません。しかし、どのタイミングに「体験のクライマックス」を持ってくるか、どのタイミングで顧客があっと驚くような「サプライズ」を提供するかなどを組み立てることで、ブランド体験をドラマチックなものにし、より深くより感動的に顧客の心に刻むことができます。

体験シナリオの一例を考えてみましょう。たとえば高級車ディーラーが開催する試乗会での体験シナリオを構築するとしましょう。シナリオは展示会に招待する際のインビテーションカードから始まります。何が書いてあり、どんなデザインにするべきか。次に招待客は試乗会場に向かいます。試乗会場の外観デザイン、そこにはどんなスタッフが立っていて、どんな音楽が流れているべきか。会場に入った時の空間デザイン、待ち合い時に出されるドリンクの種類、カップのデザイン、スタッフのユニフォームや態度、試乗に向かい車と出会う瞬間の演出、キーを差し込んだ時の音、セットされた音楽、ドライビングを楽しみ、停車し、会場に戻ってきた時のスタッフの対応、後日届くサンキューレター…。この様に、時系列にそって顧客の体験をシナリオ化することができます。このシナリオに沿って、それぞれの時系列で何をつくり込むか、ということをシーン毎に切り出すことにより、体験のクオリティをシーン毎にチェックすることができます。

この体験シナリオは、ブランド空間を伴わない商品体験でも応用することができます。

たとえばアップルの商品体験などです。注文した商品が自宅に届いた時の箱のデザイン、箱から商品を取り出す際の箱の開け方と梱包のされ方、簡易な商品説明書、初めて商品を起動する時の電源を入れた瞬間に聞こえる音とフワッと点滅する光。それは眠っていた生き物が起き上がってくるようなエモーショナルな感動体験になっています。

アップルが描くブランド体験は、顧客の動きの一つひとつのレベルにまで落とし込まれたシナリオを感じることができます。

こうしたシナリオは、細分化していくことでやるべきことが見えてきて、それらを高めていくことで、精度の高いブランド体験を構築することができます。

第2章　体験デザイン——企業のブランディング事例

果たして「体験デザイン」という概念で自社のブランド体験を戦略的につくり上げている企業がどれだけあるのでしょうか。

単純にデザインのトーンを揃えるために様々なグラフィックやツールのデザインを統一しました、という企業もあれば、とにかく接客だけでもクオリティを上げていこうという企業もあるかもしれません。立ち上がり間もない企業であれば、アウトプットされた全てのデザインは経営者の趣味で構成されているかもしれません。

ブランディングの過程で、デザインだけ、接客だけ、ＢＧＭだけ等、断片的な要素に注力して満足してしまうケースもあれば、どれか一つの要素のクオリティを上げるだけで自然と他の要素のレベルも上がるケースもあるでしょう。社員の意識が高い企業であれば、ブランドを構成するモノ、コト全てのクオリティがいつのまにか上がり、ブランドがどんどん魅力的になっていくケースもあるかもしれません。

「ブランド体験をつくる」とは、こういった全てのモノ、コト、デザインを定義し、クオリティを上げていくということです。

ただし、全ての企業が洗練されたハイデザインを目指せば良いというものでもありません。カジュアルなブランドを売りにするコーヒーショップが、高級ホテルの様な接客を導入しても、それはカジュアルコーヒーショップにとって相応しいブランド体験につながるとは言えないからです。

ブランド体験は、そのブランドにとって相応しいデザインを導入していくことはもちろんですが、例えばコーヒーショップであれば、商品の陳列の仕方、コーヒーの入れ方、スタッフの接客姿勢、オペレーションのスタイル、空間の素材、椅子のサイズや形状、BGMなどを、すべて個別に考えるのではなく、それぞれを有機的な関係性の中で、関係性を保ちながらクオリティを高めていく作業が必要になってきます。

こうした一連の作業を手間隙惜しまず実践し、やりきった企業の中には、非常に魅力的な企業が多いように思います。

この章では、優れた「ブランド体験」を見事につくりだしている企業の事例を取り上げていきます。もちろん、これらの企業が最初から「ブランド体験をデザインする」という概念でブランドをつくり上げていったかは定かではありません。最初はデザインだけだったかもしれませんし、商品だけだったかもしれません。しかし、いずれにしても結果的に全てに気を配ることによって、魅力的なブランド体験をつくりだしてしていることは確かです。

スターバックスコーヒーの体験デザイン
――デザインだけではない、ブランディングの教科書

もしもスターバックスと他のコーヒーチェーン店のコーヒーを目隠しして、飲んだなら、どれだけの人がスターバックスのコーヒーを正しく選ぶことができるでしょうか。

日頃から「スタバのコーヒーがおいしいからスタバに行く」と言っている人が、たとえ味の違いを当てることができなくても、それでもスターバックスのコーヒーは他社と比較

しておいしいとその人がなぜ感じてしまうのか。
それは「おいしい」を作り出すのはコーヒーの味（味覚）だけではないからです。

シアトルスタイルのコーヒーショップが日本に上陸する前に、日本のコーヒー文化は、男っぽくて親父臭いイメージがありました。カウンターにはサイフォンが並び、コーヒー豆の産地や焙煎方法にこだわった店主が豆をグラインドし、こぽこぽと音をたててサイフォンがコーヒーを煮出します。
「違い」や「こだわり」という文字が浮かんできて、ジャズが流れる男っぽいこだわり文化でした。コーヒー一杯の値段も決して安くはありませんでした。こうした「喫茶店」と呼ばれるコーヒー文化全盛の頃、気軽にコーヒーが飲めるコーヒーショップとして、ドトールが生まれました。先に会計をすませるファストフード型のオペレーションでコーヒーを提供し、喫茶店文化の中で味わうコーヒーに比べ、気軽に気兼ねなく楽しめる「お手軽な商品」としてのコーヒーが生まれました。

レジカウンター横のガラスの冷蔵ケースには、ドトールの人気商品「ミルクレープ」が置いてあり、スイーツ目当てにドトールに入る女性客が増え、コーヒーという男性的嗜好品の周りに女性客が増えたのもこの頃でした。

かつてのドトールのキャッチコピーは、「がんばる人の、がんばらない時間」でした。現在のスターバックスのコンセプトである、会社でも家でもない場所＝「ザ・サードプレイス」に通じるものがあります。ドトールの出現によって、嗜好品だったコーヒーが気軽に楽しめるモノへと変わりました。そして、その後シアトルスタイルのコーヒーが日本に上陸しました。

シアトルスタイルのコーヒーショップの代名詞としては、スターバックスが挙げられます。シアトルスタイルとは簡単に言うと、エスプレッソに様々なアレンジを施して飲むスタイルのことを指します。エスプレッソをアレンジすることが前提なので、エスプレッソだけで飲むイタリアンスタイルと比較して豆の焙煎が濃くなり、正確に言うとシアトルスタイルで使用するエスプレッソとは少々、異なります。しかし一般的にはシアトルスタイルは、イタリアのバール文化にあるエスプレッソをベースにして、様々にアレンジして楽しむ、アメリカっぽいスタイルと認識して良いでしょう。こういった背景からわかるように、そもそもシアトルスタイルのコーヒーは、他と違う「モノ」を提供しているわけではなく、飲み方という「コト」が違うところから価値が生まれていることがわかります。何を楽しむかではなく、いかに楽しむか。アメリカの楽しいコトを考える文化の中から、スターバックスというコーヒーブランドは生まれてきました。

今ではスターバックスの店内に入って驚くことはそうありませんが、上陸してきた当時、新しいコトだらけで驚きの連続でした。まず、コーヒーと言えば「茶色」がブランドのカラーに使われることが多かったと思いますが、人魚が真ん中に入った鮮やかな緑色のロゴは、コーヒーショップとは思えない色使いで新鮮でした。この日本文化からは生まれにくい既視感のないブランドのデザインも、スターバックスを新しい海外ブランドとして認識させるためには有効でした。

またブランドとして顧客に提供する価値も明解でした。スターバックスは常に、「わたしたちはコーヒーを売っているのではなく、コーヒーを提供しながら人を喜ばせるという仕事をしているのだ」と明言していました。店舗のコンセプトも、最高に拘った、最高の豆を、最高においしく提供する、という旧来型のこだわりコーヒー文脈ではなく、「ザ・サードプレイス」（家でも学校（職場）でもない、第3の場所）です。こういったコト文脈は、これまでスペックに価格をつけてきた日本の商習慣に大きな変化を与えたと思っています。

ブランドとしての理想を追求し、見事なブランド体験を提供しているスターバックスですが、このブランド体験が、前述したデザイン・モノ・オペレーションで見たときに、それぞれどうなっているか検証していきましょう。

スターバックスのモノ

スターバックスが扱っているモノは、コーヒーはもちろん、コーヒーを取り巻くライフスタイルグッズや、コーヒーの時間をより豊かにする商品です。豆はもちろん、コーヒーメーカーやタンブラーなどのコーヒーを持ち歩くためのグッズ。今ではすっかり定着しましたが、トラベラーリッド（スタバの紙カップの上に着けられている、口元に穴の開いたキャップ）の着いた紙カップを持ち歩きながらコーヒーを飲む、ニューヨーカーの様なスタイルは、当時非常に斬新で、誰もが一度は歩きながらのコーヒーを体験したことでしょう。コーヒー豆が入ったパッケージのデザインも斬新です。当時のコーヒー文脈は、拘りで男っぽく、煎ったコーヒー豆のグラフィック等がパッケージに使われ、豆のうんちくや焙煎方法等、「こだわり」「違い」などのスペックを中心とした語り口でした。一方でスターバックスのコーヒー豆のパックにコーヒー豆の写真は表現されていません。男っぽいグラフィックの代わりに、豆の産地や農園等に由来したアートの様なグラフィックが施されています。

そこからは「コーヒー豆のスペック」ではなく、「コーヒーの文化」、モノではなく、コト寄りの表現に徹していることがわかります。こういったパッケージデザインを持つ商品が大量に並べられれば、それだけで店内のデザインにも影響しますし、その商品を家に持ち帰ってリビングにおけば、その周辺の空間がスターバックスの世界に早変わりします。その意味では、デザインの対象はコーヒーの商品パッケージでも、その先にある空間に置かれた時の空間デザインを加味したデザインワークが必要で、スターバックスはそのアプローチをとっていると言えます。

肝心のコーヒーですが、スターバックスの店内メニューは、本日のコーヒーを除いて、コーヒー豆の種類ではなく、コーヒーの「飲み方」で記載されています。一昔前の喫茶店であれば、メニューにはコーヒー豆の種類（産地）と焙煎のレベルが並び、抽出はサイフォンか、ドリップかを選んで飲むこだわり文脈が強かったと思いますが、シアトルスタイルはメニューに記載される内容を「豆」から「飲み方」に変えていきました。

ちなみに日本にはスターバックスの影響でコーヒー文化が根付き、サードウェーブとよばれる、新たなこだわりコーヒー文化も生まれ始めています。とっつきにくかった男っぽい「こだわりのコーヒー文化」をスターバックスがカジュアルでセンスの良い文化としてイノベーションを起こした一方で、こだわりのコーヒー文化をさらに深めていく新しい文化が生まれるという社会の動きは世の中に多様な選択肢を与え、文化が深まり成熟していくということだと思います。

スターバックスの人（オペレーション）

スターバックスのブランドをスターバックスたらしめているのが、スターバックスで働くスタッフです。正確に言うと、スタッフがつくり出す店内の空気感です。スターバックスのスタッフは、20代を中心に構成されています。責任者を除いてフロアで30代の人を目にすることはあまりありません。若くて元気で、人なつっこいスタッフがスターバックスらしい「コミュニティの場」とも言える空間をつくりあげています。スターバックスのスタッフを見ると、そもそも根っからのコーヒー好きとは思えない若い女性も多く働いています。これは、スターバックスはコーヒー屋ではなく、ある種のライフスタイルブランドとして認知されている証しです。

スターバックスは店内に入ると、「いらっしゃいませ」ではなく、「こんにちは」と挨拶をしてくれます（これは店舗によって違うかもしれません）。そもそも、「いらっしゃいませ」と言われると返す言葉はありませんが、「こんにちは」と声を掛けられるとつい「こんにちは」と返してしまいます。

ここからスターバックスの居心地の良いコミュニティ体験が始まります。

スターバックスのカウンターオペレーションを見てみましょう。オーダーカウンターに立つと昔ながらの「SML」ではなく、「ショート」、「トール」、「グランデ」というサイズバリエーションからサイズを決め、コーヒーの飲み方をオーダーします。ラテやモカ、フラペチーノなど、様々な飲み方があります。オーダーカウンターで元気の良いスタッフにオーダーをすませると、スタッフは大きな声で、コーヒーをつくるバリスタにオーダーを伝え、紙のカップに、オーダーをメモします。

通常のコーヒーチェーン店では、このオーダーカウンターでそのまま商品を受け取りますが、スターバックスの場合は、会計をすませたあと、「ランプの下でお待ち下さい」と言われて、わざわざランプの下まで進みます。ここでは、目の前で自分だけのコーヒーを、バリスタが元気につくってくれている様子を見ながら待つことができます。エスプレッソをカウンターに打ち付ける音や、スチーマーの音、機械を器用に扱うスタッフの動きなど、一つひとつが自分だけに向けたエンターテイメントのようです。これを身近な日本の業態で探すと、寿司屋のカウンターで自分がオーダーした寿司を板前さんが自分だけのために握ってくれているライブな体験に近いように思います。

ランプの下にある、バリスタからコーヒーを受け取るカウンターは、腰の高さではなく胸の高さです。もともとスターバックスはイタリアのバールの文化をアメリカに持ち込んだ会社ですが、胸の高さのハイカウンターでバリスタからコーヒーを受け取る体験は、スタンディング形式のイタリアのバールを彷彿とさせます。バリスタからメニューの復唱とともに渡された紙のカップには、口もとに穴の開いた見慣れないフタ（トラベラーリッド）がついています。「果たしてこの穴は、蒸気の逃げ道なのか、それともここから飲めということなのか」。初めてこれを体験する顧客は、スターバックス独特の、自分にとって初めての体験をします。そして今まで日本のコーヒーにはなかったコーヒー体験と、ある種の達成感を感じ、スターバックスを自分のブランドとしてお気に入りの選択肢に入れるのです。

スターバックスのオペレーションは、一回の来店でオーダーカウンターの会計のスタッフと、コーヒーを出してくれるバリスタの2名と言葉を交わします。またスタッフによっては、紙のカップに簡単なメッセージを添えてくれることもあります。こういった、スタッフとのコミュニケーションが、新しい居場所を目指すスターバックスコミュニティとも言えるブランドの体験価値をつくっています。

また、スターバックスは、コーヒーショップであるにもかかわらず、全席禁煙に取り組みました。スターバックスが上陸した1996年は、日本はまだ社会的にも分煙が進んでおらず、喫煙者の比率も多く、タバコはコーヒーのお供と言えるくらい、モノ同士の親和性が非常に高かったと思います。喫茶店はもちろん、コーヒーチェーン店でも店舗に入った瞬間に感じる臭いはコーヒーの香りとタバコの香りで、ある種それは日本人にとって当たり前の感覚でした。

スターバックスが全席禁煙に取り組んだのは、アメリカでは禁煙が進んでおり、それを当然のように日本でも実現しようとしたことと、タバコの香りがコーヒーの香りを損なうため、コーヒーブランドとして香りにこだわったという2点です。

前者は社会的価値観によって左右するので、国や地域によって喫煙可か禁煙にするか変えることはできるかもしれませんが、後者はブランドとしてのこだわりからくる価値観なので、禁煙というスタンスは譲ることはできません。ところが当初スターバックスが日本で店舗展開をする際、日本国内のパートナー企業は「コーヒーショップで禁煙は厳しいのではないか」という見解を示したそうです。

全席禁煙にすることで事業が成立しないかもしれないというリスクをとるか、ブランドの意思を曲げてマーケットに合わせるか、何度も慎重に議論をかさねた結果、ブランドとしての意思をスターバックスは選択しました。その結果、日本の顧客は新しいコーヒー文化を受け入れ、今や店舗空間内で分煙に取り組まないコーヒーショップはマイノリティとなっています。

こういった経営の判断は、ブランドとしてのスタンスを保持することを優先できる、ブランド戦略が明解な企業だからこそ可能だったことであり、古い体質の日本の企業であれば顧客の既存ニーズを優先して決断できなかったでしょう。そもそも当時の日本文化から、自社のコーヒーショップを禁煙にしてみたらどうか、などという議論はコーヒーショップをチェーン展開する企業内では一度も起きなかったことでしょう。

スターバックスのデザイン

スターバックスの空間デザインは、空間としてのつくり込みの完成度が高いにも関わらず、あまり人工的な雰囲気はなく、どこかクラフト感が漂っています。壁には、コーヒーに関するアートが描かれていたりします。家具のデザインも気取ったハイデザインというよりは居住性や安心感を与えるものです。シアトルスタイルとして店内のあちこちに持ち込まれたデザインのテイストは、ゴージャスな様子でもシンプルな空間でもなく、当時の日本のコーヒーチェーン店の空間デザインにはもちろん、そもそも日本の店舗にこれまでなかったデザインテイストでした。

ある意味、コーヒーチェーンのデザインイノベーションとも言える空間を皮切りに、他のコーヒーチェーン店も次々と店舗空間を、カフェの様な「居心地のよさ」を提供するデザインに変更していきました。

それまでのコーヒーチェーン店の椅子やテーブルは、自分の時間を過ごすためというよりもコーヒーを飲むための場所を確保するために椅子やテーブルが置いてある程度でしたから、そういった意味で日本のコーヒー文脈は、コーヒー豆主役の時代から、人やスタイル、過ごす時間の質が主役となるライフスタイル文脈へと変わっていったと言えます。

ここ最近、スターバックス自体も次々と改装しています。空間の雰囲気はシアトルスタイルから、古材やダメージ加工等を施したカリフォルニアデザインのトーンに変わっていますが、空間が持つ雰囲気や流れる時間の感覚は確かに従来通りのスターバックスのままです。

また、コンセプトストアと呼ばれる、様々な業態・デザインの店も実験的にできています。二子玉川にできた、アルコールも飲めるスターバックス「インスパイアード」や、福岡県・太宰府にできた、隈研吾氏デザインの店舗も非常に魅力的です。ブランドのトーンを守りながら、新しいデザインへと進化していく様は、まさに強い土台とフレキシビリティを併せ持ったブランドのお手本、教科書と言えます。

ただし、忘れてはならいことがあります。スターバックスはカジュアルでハイセンスなブランドのレイヤーで進化を続けていますが、世の中の全ての顧客がハイセンスを求めているわけではありません。顧客が求める多様なブランドには、ハイセンスもあればミドルセンスもあります。そういったマーケットをうまく取り込み、同じくサードプレイス同様の価値を提供している例として、最近話題の「コメダ珈琲」があります。

コメダ珈琲の顧客はスターバックスの顧客とは明らかに違う客層＝ターゲットです。しかしコメダ珈琲の顧客もまた、コメダ珈琲にその人なりのサードプレイス的な価値を求めているのだと思います。同じ「サードプレイス」という価値を提供するにも、ターゲットが異なるとブランド体験の仕組みもデザインもオペレーションも異なってきます。ここから、明確なターゲット設定がいかに重要かが読み取れるのではないでしょうか。

青山フラワーマーケットの体験デザイン
――売り方で新しいマーケットをつくる

僕は仕事柄よく、新業態開発の相談を受けます。新業態とは、スターバックスが実現した様な、新しいブランドのデザインや商品体験や購買体験を顧客に与えるために既成概念に捕われずに開発された業態のことです。今までに見たこともない、誰も経験したことのない業態をつくるというのは、口で言うほど簡単なことではありません。

スターバックスはスタッフ同士の高い連携能力が必要とされる複雑なオペレーションを導入したり、喫煙文化の日本で全席禁煙にしたり、これまでにないコーヒーショップの業態開発に成功しました。

しかし、既存顧客の声をそのまま受け取り、何かと顧客やマーケットの声に従う企業体質やリーダーの下からは新しい業態は生み出せません。

新業態では、どうなるか予測のつかない事柄を経営判断として冷静に見極め、やりきる覚悟と実行力が必要です。データからは答えが導き出せない事柄で溢れていますし、そもそもデータすら存在しないケースもあります。それでも新業態が世の中に生まれてくるのは、最終的には経営者のイノベーションマインドの賜物というべきです。

ここでは花屋という業種のなかで、新業態によって新しいマーケットを切り開いたブランド、「青山フラワーマーケット」のやり方を見てみましょう。

昔ながらの街の花屋を思い浮かべてみて下さい。街の花屋の店頭には、花の品種ごとに分けられた容器が陳列してあります。街の花屋で花を買う場合、どの花を何本買うという目的が明確にない限り、予算を伝えた上で店員に花束をつくってもらうことになります。その場合の価格は、1000円以上が一般的ではないでしょうか。つまり一般顧客にとって、1000円からのオーダーメイドが街の花屋の業態です。オーダーをする段階では、どのような花束になるのかわかりません。店舗のスタッフに利用目的と値段を伝えてつくってもらうことになります。完成形がわからないままオーダーをするということは顧客にとって本来的にはかなり不安な行為ではありますが、そういったものとして顧客も割り切っていたのがこれまでの花屋の業態です。

その様な業態が当たり前だと思われていた業界に現れたのが、青山フラワーマーケットです。青山フラワーマーケットは、顧客が日常で街の花屋と接する際に、「もっとこうなるといいのに」と思うであろう事柄をオペレーションとして実現し、その業態のコンセプトとターゲットの嗜好性にあったブランドのデザインやライフスタイルの提案で世界観をつくり込んだ新しいブランドでした。

「ライフスタイル提案」という言葉がありますが、ライフスタイル提案とは、コトのデザインに他なりません。モノをモノとして陳列するのではなく、そのモノの使われ方やターゲットのライフスタイルに溶け込みやすいシチュエーションやシーンを提示することでモノそのものをより魅力的に魅せていくのがライフスタイル提案です。

こうしたライフスタイル提案をすることで、そのモノを使ったことがない顧客がモノの使い方を具体的にイメージすることができたり、そのモノを手に入れることで自分の人生がより豊かになるイメージを持つことができます。顧客からするとモノの価値がわかりやすく理解できる一方で、売り手からすると、モノにまつわる様々な周辺のグッズやサービスも含めて売ることができるため、扱えるモノが広がります。

例えば花屋の場合、花しか売っていなければただの花屋ですが、花を飾ったり、活けたりする際に必要なツールやフラワーベースなどの雑貨が売っていたり、生活の中での利用シーン毎にディスプレイしたりすることで、花を中心としたライフスタイル全般を提供・提案できるショップになります。今ではライフスタイルショップとしての店づくりはよく見かける様になりましたが、青山フラワーマーケットは、花屋業界で先駆けてこの業態に取り組んだブランドでした。

こうしたライフスタイルショップが広がることによって顧客は商品に関わりやすくなり、生活の選択肢が広がります。一方で、差別化を求めるプロフェッショナルのニーズとして、専門店の良さが見直される機会にも繋がります。

青山フラワーマーケットに行くと、おなじみのオシャレなロゴの下にまず見えてくるのはずらりと並んだミニブーケです。小さいながらも店頭の華やかなアクセントになっています。ミニブーケはグラスブーケ、キッチンブーケ、ダイニングブーケ、リビングブーケ、エントランスブーケと、利用シーンに合わせた様々なサイズやネーミングで販売されているのが特徴的です。

ブーケの価格も様々で、例えばミニブーケは350円～と、街の花屋と比較すると随分御手頃な価格になっています。正確に言うと街の花屋でも350円の花束をオーダーはできますが、街の花屋で「予算は350円です」とオーダーするのは少し気が引けますよね？　顧客の気が引ける状態を価格の面で解決し、それを訴求することで花を買いやすくしただけでも十分に顧客と花との付き合い方を変えていると言えます。そして青山フラワーマーケットの顧客は、ずらりと並んだ様々なサイズ、価格のミニブーケを目の前で実際に見ながら、自分の利用シーンに合わせた花を購入することができます。

ライフスタイル提案型のブーケ以外に、通常の花屋と同様、花の種類毎に分かれた陳列もしていますが、顧客の「買い方」が一般の花屋とは異なります。それは顧客自ら、好きな花を自由に選んで購入することができるセルフ式に近い販売方法です。もちろん自分が選んだ花でスタッフに花束をつくってもらうこともできます。

生もので痛みやすく、見た目が命の花を、自由に顧客に触らせるというオペレーションは街の花屋ではあまり見ることはありません。青山フラワーマーケットでは、花の買い方を通常のショッピング感覚に近づけることで、より楽しく入りやすい、花屋の新業態を確立させたのです。

また出店場所も非常に特徴的です。青山フラワーマーケットは、主に駅中に出店しています。駅という立地にあるため、例えば会社に行くＯＬが、３５０円のグラスブーケを一つ買って、デスクにそのまま挿して花を楽しんだり、会社帰りにキッチンブーケを買って帰ってそのまま家のキッチンに飾ったり、気軽に手に入る日常的な花との付き合い方が生まれました。

こういった、これまでの街の花屋にはない買い方、花の購買単位を構築し、新しいブランドデザインに包んだ青山フラワーマーケットを、それぞれデザイン、オペレーション、モノの、3つのカテゴリーで分類して見てみましょう。

青山フラワーマーケットのモノ

前述の様に、青山フラワーマーケットは、花を中心としたライフスタイルショップという業態です。ライフスタイルショップを実現するためには、商品をコト文脈で捉えることで、新しい商品開発のヒントを見つけることができます。例えば、あるOLが会社のデスクに小さな可愛い花があると毎日の自分の空間が可愛くなっていいよね、と思ったとします。まず必要なのは、会社のデスクにおいて楽しめるくらいの小さなブーケ。普段使いなので値段も安い方がいい。会社にコップさえ置いておけば、花器が備え付けの商品になっている必要もありません。こうした用途の、小さくて安いブーケを商品化する際、ただ350円の値札が着いたミニブーケを置くだけでは、顧客にとっては、350円の小さなブーケという以上の価値を生むことはできません。それに「グラスブーケ」という名前を付けることによって、この商品は、グラスがあればどこにでも置ける小さな可愛いブーケという、魅力的なインテリア商品になるのです。

青山フラワーマーケットでは、サイズ毎にブーケにネーミングが付けられているため、利用シーンが非常にわかりやすく想起でき、顧客の買いやすさを生んでいます。また、この花を活ける可愛いグラスが家にある人は、すぐにそのグラスに入れたミニブーケの姿をイメージできるかもしれませんが、どのグラスに入れると可愛くなるのかわからない、という人のために、グラスブーケが似合う小さなグラスも合わせて販売しています。ライフスタイルショップなので、グラスブーケが陳列されている背後や横に置いてあります。このように青山フラワーマーケットは、花という商品自体の販売単位を小さくし、利用シーンに合わせたネーミングを付けることでこれまでにない新たな商品価値をつくり、その商品にまつわるインテリア用品を合わせて販売することで、クロスセルを実現したライフスタイルショップになったのです。また、毎日変わる「本日のブーケ」などの商品も、何度も店に足を運びたくなる顧客のモチベーションをつくり、リピーターを獲得している要因です。「気軽で日常的な花との付き合い方」というライフスタイルを実現するために、出店場所を駅中に絞る戦略も、ブランド体験のクオリティをより高いものにしているのです。

青山フラワーマーケットのオペレーション

まず青山フラワーマーケットのオペレーションで特徴的なのは、花屋に気軽な購買体験を取り入れたことです。オーダーメイド型の街の花屋で買い物をする時、どんな花束をつくってもらえるかわからないので、入店のハードルが少し高いですよね。一方で青山フラワーマーケットのお店には、完成された大小様々のブーケが店頭に並んでいて、それぞれに利用シーンを想起させるネーミングが付けられています。それらの商品の周辺にあるコップや小さな花器など、単体で見ると店頭に並んだ売り物なのですが、花と雑貨が並ぶことで互いを補完するＶＭＤの役割を果たし、より商品の企画意図をわかりやすく伝えています。そして店舗を訪れた顧客は自分の好きな商品を実際に見ながら買うことができます。つまり、目の前に並んだ、値札が付いている商品を手に取って選び、レジで会計するという、日常的な買い物マインドで入れる気軽な花屋という業態になります。スタッフにイメージを伝えて商品を購入する、オーダーメイド型の街の花屋とは異なる業態ということがわかります。

一方で青山フラワーマーケットも街の花屋同様に、容器に入った花の種類毎での販売もしており、それらをスタッフに頼んで花束にしてもらう、通常の花屋の業態も持っています。つまり青山フラワーマーケットは、花屋としては顧客の買い方の幅を広げつつ、ライフスタイルショップとして花の買い方を変えた新業態である、と言えます。このように、店舗での顧客の購買体験を分析することで、その店舗がどのような価値を顧客に提供しようとしているかを見つけることができます。

青山フラワーマーケットのデザイン

青山フラワーマーケットのデザインを見てみましょう。ロゴは、少し赤みの強いオレンジ色を利用しています。目を引く華やかなカラーリングで、ロゴのフォルムは強さと優しさの両方を感じさせる特徴的なデザインをしていて、英語で表記されています。ほとんどのお店には吊り看板があります。吊り看板とは、スターバックスで言う丸い人魚のぶらさがり看板ですが、青山フラワーマーケットの吊り看板は、四角い形状の中にワードロゴがあり、ロゴの周りに花の意匠をあしらったデザインになっています。店内にある什器などの部材や看板等には効果的に黒が使われていて、メルヘンチックな女性的花屋とは違う印象も受けます。

店舗デザインの全体的なつくりですが、まず店頭にはアイキャッチ効果と、買い物モードへ誘因する効果をつくるために、様々なブーケが並べられています。少し足をとめてブーケを眺める人は全員女性とも限りません。ブーケは、木箱の中に奇麗に並べられた状態で陳列されています。奇麗に並んでいますが、木箱自体、少しずつずらして展示してあるので、整然とした印象も受けません。その他の花も、様々な形状や素材の容器に入れられています。商品陳列の高さや商品の種類をランダムに陳列することで、楽しそうで華やかな店頭演出になっています。店内の壁面にはレンガが使われ、床の材質も石、または落ち着いた印象のグレー、ベージュ系の素材でまとめられています。これらは、パリのフラワーマーケットのイメージで作られている様で、たとえ駅中の小さな店舗でも、ここまで細かくつくり込むことで、小さいながらもその一角だけはパリの街角をつくりだすことに成功しています。

スタッフの衣装デザインは黒を利用しています。花屋のフェミニンな印象ではなく、やや職人的な見え方になり、スタッフもプロフェッショナルな印象です。花の色と喧嘩をしないという意味でも、黒い衣装は良いのかもしれません。

この様に青山フラワーマーケットは、従来の花屋とは違う業態を生み出すことによって花屋をライフスタイルショップに昇華し、顧客に日常的につきあえるフラワーライフという新しい価値を提供しています。また、ブランドのデザイントーンや店舗のデザインも花屋の華やかさとモダンさ、パリの花屋の様なトラディショナルな雰囲気ももった、オリジナリティの高いデザインの開発に成功しています。出店戦略も、事業コンセプトを踏襲した徹底した戦略をとっています。古い業態が長く続く業界で、一定の顧客を持っていればイノベーションに踏み切るブランドも少ないでしょうが、あえて新しい業態に果敢に踏み出すには、強いリーダーの存在が不可欠でしょう。

スターバックスや青山フラワーマーケットのように新業態開発でマーケットメイクに成功したり、イノベーションを起こしたブランドでも、5年10年と時間が経つうちに模倣ブランドも現れるものです。斬新だと言われた業態自体、時間が経てば珍しくもない、当たり前の光景になっていきます。それでもイノベーションそのものを企業に性格づけている企業は、ブランドイメージを新鮮に保つために新しい取り組みを恐れません。青山フラワーマーケットでは、ハナキチという花の学校を開校したり、フレッシュハーブティが自慢のティーハウスを展開したりしています。花を中心とした顧客の花に対する意識を育てていく取り組みは、ブランドの価値を保ち続けるための活動として、非常に効果的と言えます。スターバックス同様、今後青山フラワーマーケットがどのような新しい価値を世の中に提供しつづけるのか、非常に楽しみです。

Aoyama Flower Market
Aoyama Flower Market
Aoyama Flower Market

ドン・キホーテの体験デザイン――独自体験が目指すベクトル

この2章で紹介していくブランドにはいずれも共通点があります。新しい体験デザインと、洗練されたデザイン戦略で従来になかった独自のブランドを確立しているという点です。

デザイナーにとってこの様な企業のブランディングに関わることは一つの憧れかもしれません。世の中の大半のデザイナーは洗練されたデザインが大好きですし、洗練されたデザインを生み出せる自分の能力を世の中にもっと知ってもらいたいという気持ちをモチベーションに働いているからです。そして大半のデザイナーは、企業としてのあるべきデザインよりも、自分が生み出すそのデザインが、自分の作品として世に出された時、誇れるものかどうかという観点で動くアーティスト気質を持ち合わせているものです。

しかし、デザインの役割は、洗練させる、美しくさせるだけではありません。あくまでもデザインとは企業の戦略に則る必要があります。美しく整理され、洗練されたデザインとは全く異なるデザイン戦略をとる企業も存在します。「そんな企業は顧客に支持されない」。デザイナーならそう言いたくなるかもしれませんが、単に美しいというベクトルとは全く異なるデザイン文脈で確実に顧客の心を捉え成長している企業があります。その一例がドン・キホーテです。

ドン・キホーテのデザインは、世の中のデザイナーからすると、騒がしいデザインに思えるかもしれません。しかし、ドン・キホーテになぜ客が集まるのか？　を考えた時に、経営のパートナーであるべきデザイナーは、そのデザインの戦略や、ブランドが目指す顧客への提供価値のあり方を無視することはできないでしょう。

ドン・キホーテは、独自の魅力的な体験デザインで、他にない店舗価値を構築しています。ドン・キホーテと聞いて思い浮かべるイメージはどんなものでしょうか？　独特の店内ＢＧＭが店外にも聞こえてきて、店舗にはモノがあふれていて、誰が買うのかわからないものまで売っている、何でもありの激安量販店といったところでしょうか。

一見、普通にドン・キホーテのお店としての印象を考えると、所狭しと無作為に商品を並べただけの何の脈絡もない店舗に見えるかもしれません。しかし、ドン・キホーテの店舗開発のコンセプトは、「宝探しをする様なワクワク感、魔境感」と明確に決められています。

この様な体験価値が、どの様な経緯でドン・キホーテの中に生まれてきたかはわかりません。量販店では後発のドン・キホーテが、宝探しのワクワク感と魔境感をテーマに、後発ブランドとして店舗体験価値の創造を目指して業界に切り込んできたのだとしたら、そのブランディングを行った人は優秀なコンセプターですし、それを決定し実行した創業メンバーはすばらしい判断力をもっていたと思います。

ひょっとしたら、量販店として品揃えだけは負けないようにと、とにかく店内に物量を確保しようとした結果、棚毎の間隔が狭くなり、天井までモノが積み上がった店舗になり、通路が狭くなり、いつの間にか魔境感がでてきてしまったのかもしれません。

いずれにせよ、あの混沌とした店内の状態を魔境感と定め、店舗価値として捉え直したこと自体が評価されるべきポイントなのです。モノを安く売るだけで顧客満足度を上げようとするステレオタイプな商売人の発想ではなく、買い物自体を日常のエンターテイメントに仕立てた着眼点と発想が数ある量販店の中でもドン・キホーテが独自のポジションを獲得している理由です。

ドン・キホーテが、小売店として独自のポジションを築き、多くのファンを魅了しているのは、その体験設計の明確化にあります。特に都心のドン・キホーテは、若者や独身者を主なターゲットとしています。店内は床から天井まで「圧縮陳列」という独自の商品陳列手法をとり、この壁の様に積み上がった商品と、入り組んだ路地の様な通路が迷宮の様な空間をつくり出し、顧客に「どこに何があるかわからないから、もっと奥に行ってみよう」と思わせる好奇心をくすぐっています。目当ての商品がなかなか見つからないストレスやもどかしさをエンターテイメントとして価値転換し、用もなく入店して思いがけない商品に出合って驚く、宝探し感覚の体験を提供しているのです。

通常、小売店をつくる会議に出れば、「お客様がどこに何があるか見つけやすいように店舗の入り口から店内の見通しを確保しましょう」とか、「ゆっくりと商品をご覧いただけるように余裕を持って通路幅をとりましょう」とか、「お客様が読みやすいように大きくて整ったサイン計画をつくりましょう」といった意見が出るものです。

しかし、このドン・キホーテならではのブランド体験が生まれた会議では、恐らくそんな業界の常識よりもどうすれば顧客が買い物を、宝探しの様なワクワク感を持って楽しんでくれるか、という議論に終止したに違いありません。便利であること、使いやすいこと、デザインが美しいことは、必ずしも顧客にとって価値になるとは限らないのです。

大手デベロッパーが手がけた、整然とした奇麗なデザインの大型ショッピングモールには、新しくオシャレなハイブランドが集まり、それらを便利に買いたいという人たちが集まります。一方でアメ横の様な、どこに何のお店があるかわからない、雑然と見慣れない店だらけでも、安くて掘り出し物が見つかりそうなワクワク感でも人は集まります。ただ、この二つの場所で仮に同じモノが購入できたとしても、顧客が買い物時間に求めている体験は異なります。顧客が買い物に求める価値に「モノ」だけではなく、「コト」を付け加え、「モノ」売りの量販店との差別化を図ったドン・キホーテの発想は面白いと思いませんか。

ちなみにドン・キホーテにも、新たな業態が生まれています。独身層をターゲットにした魔境の様な都心の店舗とは異なり、ファミリー層をターゲットにした、ゆったりとした空間を持つ郊外型店舗です。これは、かつて独身だったドン・キホーテのファンが結婚した後も、子供を連れてファミリーで来店でき、引き続きドン・キホーテで買い物を楽しんでもらうための店づくりを目指したということです。ライフステージが変化していくファンに合わせて、お店側も変化していくスタンスは、顧客にモノだけではなく楽しい場所と体験を提供するドン・キホーテならではの業態進化だと思います。

では、ドン・キホーテのデザイン・モノ・オペレーションを見てみましょう。

ドン・キホーテのデザイン

ファミリーをターゲットにした郊外型のドン・キホーテは都心型の魔境店舗とは異なるデザインを行っているようですが、ここではわかりやすいように都心型の店舗に焦点を当てて紹介します。デザインを生業とする人間として、デザインを物事や情報の整理と可視化の技として捉えると、ドン・キホーテのデザインは、デザインの技が入った状態からは遠いところにあると感じます。しかし、整理や情報の明確化とは真逆の技をとることで魔境感を生み出しています。時には顧客を惑わす、多すぎる情報も、ドン・キホーテにとって資産になっているのかもしれません。ここには洗練されたデザインを生み出すデザイナーが織りなすデザインは必要なく、現場のスタッフを中心として培われ育ったドン・キホーテ流のデザインがあります。

都心型ドン・キホーテのお店の外観は、黒です。一般量販店で、外観に黒を使う店舗はあまり見たことがありません。普通なら空間を奇麗にみせるカラーリングや素材を使うでしょうし、買い物のワクワク感も明るいカラーリングで表現するでしょう。しかしドン・キホーテは黒です。そして、黒をベースに派手な赤や黄色を使い、壁にはおなじみのペンギンキャラクターが描かれています。まさに、魔境感を漂わせ、入ってみなければわからないジャングルを彷彿とさせます。そして店舗入口に設置された巨大な水槽にはカラフルな魚が泳ぎ、ジャングルの入口感を演出しています。店内に入ると、名物とも言える圧縮陳列が展開されています。床から天井すれすれまで、びっしりとモノが溢れています。フレキシブル性を追求した壁面什器は、商品のサイズに合わせてぎりぎりまで棚の間隔を狭めて、見るからに「びっしり」という印象を与えています。客の手が届かない棚の上の方にも商品がびっしりと詰まっています。商品の種類や物量を多く見せることで、欲しい商品はなくてもついつい見上げてみたり、衝動買いをしてしまったり、体験コンセプトでもある宝探し感をうまく演出していることがわかります。通常では商品を設置しないエレベーターの入り口の壁面にもびっしり商品が展示されており、隙間から見える壁にエレベーターのボタンが付いています。商品は棚の上に置かれているだけではなく、床から山積みになっていたり、天井から房の様に吊るされていたり、魔境感たっぷりです。フロア内を客が移動するメイン動線はやや広めにとってあり、そこから商品群に入る脇道の様な動線は急に狭くなっています。このような空間側の特性に合わせて顧客が行動するスピードや身体感覚に物理的な変化をもたらすことで、普段買い物をするスーパーマーケットやコンビニでの体験とは異なる感覚を与えています。

たとえ陳列してあるモノが同じだったとしても、その買い物体験がジャングルや魔境をさまよう様な感覚に支配され、同一の買い物体験にはなりません。さらに商品が安いため、掘り出しモノを探そうと、商品のプライスPOPに意識が集中して、まさに魔境での宝探しを疑似体験できます。店内に施されているデザインに洗練という文脈はなくても、体験のコンセプトに基づいたデザイン戦略として成立し、成功していることがわかります。

ドン・キホーテのモノ

この定義で言うドン・キホーテのモノは何にあたるでしょうか。ドン・キホーテは量販店なので、何か特別なモノを売っているわけではありません。

しかし、品揃えの戦略が明らかに一般的な量販店とは異なります。ドン・キホーテに行くと「こんなもの誰が買うの？」という商品が、堂々とメイン導線に陳列されている場面によく出くわします。スター商品が並ぶ一般量販店とは異なる光景です。

仮に一般量販店であれば、どういった基準で商品を選ぶでしょうか。例えば、品揃え候補の商品が1万点あり、店舗に陳列できる商品が8000点だったとします。その場合、モノ売り視点の経営者であれば、販売実績の高い商品を上から順に数千点選び、残りはその関連商品を選ぶでしょう。しかしこうした経営の価値観からは、ドン・キホーテの商品ラインナップは生まれません。ドン・キホーテならばまず、8000点しか店頭に陳列できないなら、階段の壁、エレベーター出入り口の上部、天井から吊るす等、1万点を確保することから始めるでしょう。さらに、品揃え候補の商品を上から順に数千点、売れ筋を選んだあとは、下から順に商品を選んでみたり、品揃え候補とはまったく異なる商品を入れてみたりするはずです。どれだけ店頭を圧縮陳列で魔境感を演出したところで並んでいる商品が他の量販店と同じであれば、魔境感は半減してしまうからです。

顧客の視点で考えれば、商品が探しづらい複雑な店内より、量販店で買った方が見つけやすく、お目当ての商品を購入するというミッションは安易に達成できます。しかし、ついドン・キホーテに行ってしまうのは、思いもよらない商品との出会いを期待しているからです。ドン・キホーテではそういった買い物の楽しみをつくるために、他ではなかなかお目にかかれない商品を陳列し、訪れる顧客に知らない商品と出会う驚きと喜びを提供しているのです。

また、ドン・キホーテの名物の一つである、徹底した手書きポップも魔境感には欠かせません。パソコンで作成されたプライスタグが店内の大半を占めますが、かなりの量で手書きポップが存在します。ドン・キホーテ独特の書体で手書きされたポップは、人肌感を醸し出し、量販店にありがちな無機的な工業製品の味気なさや整然とした倉庫という印象からかけ離れた、ジャングル的生物空間を生み出している大事な要素となっています。

ドン・キホーテのオペレーション

ドン・キホーテのスタッフオペレーションに何か特別なものがあるとは感じられません。フロアにスタッフがいて、レジにもスタッフがいる一般的なオペレーションです。しかし量販店とは決定的に異なることがあります。大手量販店に行くと、商品案内のためにたくさんのスタッフが配置され、わからないことがあればすぐに店員に尋ねることができます。一般的なお客様視点からすると、見つけ易い商品配列やスタッフによるわかりやすい商品案内は、親切丁寧を掲げる量販店なら普通のことです。

一方ドン・キホーテでは、そもそも視界の中にスタッフが入らない場所がかなりの割合であります。商品の情報がわからなかったら、メーカーが記載しているパッケージの情報や、手書きポップを読んで判断するしかありませんし、商品を探すにも、自分で探すしかありません。たまに見かけるスタッフも、商品案内係として立っているわけではなく、荷物を運搬していたり、段ボールから商品を出して陳列していたり、大概何かしら忙しそうに作業をしています。

こうした「ほったらかしのオペレーション」は、購入する商品がきまっていて、無駄無く効率的に商品に辿り着きたい人には不満に繋がるかもしれませんが、ふらふらと店内を歩き回り、買い物を楽しんでいる人や、余計な声がけをされたくない人には非常に心地よい空間になります。

そもそも、店舗体験が魔境での宝探しなのですから、至る所に道先案内人がいたら魔境になりません。こういった、魔境体験というコンセプトが、オペレーション、モノ、デザイン全てに浸透していることから、ドン・キホーテの体験デザインはクオリティが高いと言うことができるのです。

ドン・キホーテが目指した店づくりは、量販店にモノ売りだけではなく、コト売りの視点を取り入れ、そこに魔境での宝探しという独自の体験価値を生み出し、そのためのオペレーション・モノ・デザインを徹底的に管理しています。そしてそのコンセプトを実現するために、商品陳列数を増やし、スタッフの数を減らせるので人件費も安く上がる、という経営的にも理にかなったブランドデザインとなっているのです。

ホテル体験に見る、体験シナリオの重要性

ホテルという業態は、モノを売っているわけではないので、その体験のクオリティで価格が決定します。宿泊という機能に値段が付いているだけのホテルから、宿泊体験のクオリティを高めることで顧客に宿泊を超えた滞在時間を提供しているホテルまで様々です。

ここでは、滞在という体験を、コンセプトに基づいてオリジナリティの高い体験に仕立てた「星のや」と、宿泊という機能を究極まで低価格で追求した結果、生まれたカプセルホ

テルという業態に、新風を吹き込んだ、「ナインアワーズ」について解説していきます。

「星のや」の体験デザイン

星野リゾートが手がけるホテルは様々ありますが、その中でも「星のや」という名前が付いているブランドだけが、星野リゾートが施設開発、不動産の保有から運営までを自社で手がけているブランドになります。つまり、数ある星野リゾートの中でも、星野リゾートのブランド体験が最も象徴的に体現されているブランドになります。星野リゾートのフラッグシップブランドとなった軽井沢の「星のや」を例にとって見てみましょう。

「星のや」は一般的なカテゴリーで言うと、軽井沢に建つ高級温泉旅館という扱いになります。しかし、いわゆる温泉旅館の体験を、単なるモダンな高級温泉旅館としてサービスのクオリティを高めていくのではなく、「集落」というコンセプトのもと滞在者の体験をつくり込んでいった点が特徴的なのです。
「星のや」はブランド体験の独自性において他のホテルとは異なる、独自のポジションを獲得しました。利用者からすると、「星のや」は、軽井沢にある山間の集落であり、そこで働くスタッフは、従業員ではなく、集落に住む村の人です。星のやの体験は、都会から離れて、この集落を訪れる体験になっているのです。

ここで流れる時間は、軽井沢の大自然とここに住む村民たち（従業員）がつくりだした、仮想の空間に流れる「星のや時間」となっています。宿泊者と従業員の関係性は、一般的な温泉旅館にある、女中さんと宿泊者の関係性ではなく、集落にお邪魔した訪問者と、その訪問者をもてなしてくれる村人という関係性が近いでしょう。「星のや」は集落をつくるという明確なコンセプトに基づいて様々なモノゴトを構築していった結果、独自のブランド体験を高いレベルで実現することに成功しています。

では、「星のや」のオペレーションとデザインをまとめて見ていきましょう。「星のや」はメーカーや物販ではないので、体験づくり概念におけるモノは存在しません。

軽井沢の駅を降りて、アウトレット側に出たロータリーに、専用バスが停車しています。バスは黒い塗装が施され、内部のシートも黒のレザーが使われています。バスのフロントには、「星のや」のロゴがあしらわれています。バスに乗って10分も走ると、「星のや」に到着します。そこでは着物を着た女将ではなく、作務衣の様な独特の衣装を着た村人（従業員）が出迎えてくれます。施設入り口の前には、日産自動車のキューブが敷地内移動用に並んでいますが、そのフロントには日産のブランドシンボルではなく、「星のや」のロゴがあしらわれています。施設の中に入ると、目の前に銀色のオブジェの様なレセプションカウンターがあり、その背景には、山口県秋芳洞の百枚皿の様な、段々の水の棚田が広がります。レセプションの横では、たくさんの鐘がぶら下がった囲いの中で演奏者が鐘の打音だけで独特の音色を奏でています。空間のデザインは、和風モダンのトーンで仕上げられており、木材に比較して石の面積が多く、いわゆる古き良き木造旅館の様な空間とも異なります。

空間の環境デザインは、建築家東利恵氏によるものです。チェックインをするための棟から宿泊する部屋（棟）までは、川に掛かった橋の上を歩いていきます。ここは屋根が掛かっていないので、雨の日は傘をさす必要があります。通常の旅館であれば、施設内で傘をさす様な空間をつくらないでしょうが、ここは集落なので、建物の間の移動は当然屋外です。こういった、滞在時間中に移動のために都度、屋外に出る体験も、都会の喧騒を離れた訪問者にとっては一つひとつがエンターテイメントと化します。便利であることが、必ずしも顧客にとっての満足度に繋がるわけではないのです。部屋に入ると、テレビや時計はありません。冬場は床暖房なので、人工的なエアコンの風の音を聞くこともありません。窓を閉めていても、部屋の中が静かなので、外の鳥の声や、たまに人の声も聞こえてきます。これら宿泊用の棟は、廊下に沿ってずらりと扉が並んだ旅館とは異なり、一部屋ごとに異なる専用アプローチを持っています。集落というコンセプトを体現する宿泊棟のデザインは、一つひとつの家屋の集合体の様にも見えます。自分の部屋に戻る感覚は、表札が掛かった自分の家に帰る様な体験です。

宿泊する部屋にもよりますが、集落の中央にある池の周りに配置された水辺の部屋に宿泊すると、リビングの目の前には水面が広がっています。

水面には灯籠が浮かんでいて、夕方になると小舟にのった村人（従業員）が、灯籠に一つひとつ明かりを灯していきます。この灯籠は火を使っているわけではないので、スイッチでも点灯できるはずですが、明かりを灯すためにわざわざ船を漕ぎ出すという凝った演出が、顧客の集落体験の気分を高めています。夜には中庭でたき火が行われます。都会で暮らしていると見ることがない風景だけに、ただのたき火であっても、一つのエンターテイメントになります。温泉は、宿泊者専用の室内風呂と、宿泊者だけではなく誰でも利用できる露天風呂があります。この露天風呂は、「星のや」の敷地外にあり、日帰り入浴も含めた様々な人が利用できるため、賑わいのある村の共同風呂を利用している様な感覚になります。露天風呂の隣には、「村民食堂」というレストランがあり、宿泊者以外も、宿

泊者も食事を楽しむことができます。「星のや」内での食事は自分の部屋ではなく、棚田に面した開放的なダイニングでいただくことになります。朝も夜も自分の部屋で食事をとる高級旅館とは異なり、様々な宿泊者と顔を合わせながら食事をとる体験も、集落に宿泊する体験に繋がるのでしょう。

高級温泉旅館という業態を、よりクオリティを上げていくことを考えたら、その体験は、一般的にはプライバシーを確保する方向にベクトルが向きがちです。このベクトル上では、プライバシーが確保された部屋でのんびりと過ごすことで満足度が高まるという判断に基づき、広い部屋、良い景色、質の高い料理、各部屋のテラスに付いた露天風呂など細部のスペックの水準を高めていくことになります。しかし「星のや」は、「集落」というコンセプトのもと宿泊者の体験をデザインし、その体験のベクトルに則ってあらゆるモノゴトのあり方を決定していくことで、他にはない施設価値をつくりだしています。

「ナインアワーズ」の体験デザイン

ナインアワーズというカプセルホテルが京都にあります。ここは、カプセルホテルという概念を超えたホテルです。カプセルホテルは、部屋がカプセルになっているホテルで、そのネーミングは、機能をそのまま言葉にした、モノ発想の業態の捉え方です。

では、そもそもホテルの価値とは、顧客から見た時にどの様な意味があるのでしょうか。1章でも触れましたが、リゾート地に建つ一流のリゾートホテルは、ホテルへの滞在自体を目的にするため、宿泊者が支払う金額は宿泊料というよりはディズニーランドに支払うエンターテイメント料（体験に払う金額）としての消費になります。一流ホテルに宿泊する場合は、宿泊体験自体が非日常的な行為のため、宿泊すること自体がワクワクする体験となります。ホテル側も、顧客が求めていることが「体験」であると理解していて、宿泊の設備（機能）はもちろん、体験一つひとつのクオリティを高めています。例えばエントランスを入った時にまず見える景色や、最初に耳にする音、もちろん香りもそうですし、スタッフの対応、部屋からの眺め、部屋の中の設備、アメニティ、バスのデザイン、レストランやバー、朝食のクオリティ、プールやジム、スパ等の滞在機能など、滞在体験のクオリティはあらゆる細部で問われます。

それらの体験一つひとつを、一本のコンセプトで紡ぎあげ、オリジナリティの高い体験を実現した「星のや」の様なホテルは、滞在型リゾートの象徴的な例でしょう。しかし、街のビジネスホテルには、この様な体験は求められていません。ビジネスホテルに求められる事は、快適に一晩を過ごすための機能です。極論すると、雨風凌げて、一晩を無事に過ごせればよいわけです。この顧客が求める最低限の与件をベースに、部屋の快適性、設備の新しさ、朝食のありなし、といったオプショナルな要素が付加されて値段やランクが決まっていきます。当然プールやスパ、ジム、ルームサービス等の滞在型ホテルの機能は付いていません。顧客は不必要な機能が削ぎ落とされている分、宿泊という機能に特化したコストパフォーマンスを求めることができるのです。

ビジネスホテル顧客が求めていることは、体験ではなく、安く快適に一泊するという機能なのです。ホテルの宿泊はモノ消費ではありませんが、ビジネスホテルの機能に価格を払うという意識は、モノ消費に近いでしょう。

宿泊機能に、滞在型のサービスを付加したホテルが高級ビジネスホテルやシティホテルです。単にビジネスホテルの宿泊と言えどもバリエーション豊かでサービスの選択肢は豊富にあるのです。機能だけでは満足しない顧客ニーズの幅の広さがうかがえます。

一方で、いかに安く宿泊という機能を提供するか、というコストパフォーマンスを究極まで追求した業態がカプセルホテルです。欧米ではこのような業態はドミトリーになりますが、カプセルホテルは、一人ひとりのプライバシーを重視する日本人ならではの、ドミトリーの進化系とも言える業態でしょう。先にも述べたように、カプセルホテルは、顧客が宿泊するためのカプセルがそのまま業態のネーミングになっています。本来安く宿泊するためのビジネスホテルの究極の進化が部屋の形状に変化をもたらし、カプセルホテルという新しい業態として定着した、ある意味ビジネスホテルのイノベーション的な存在です。このカプセルホテルの価値は究極までこだわった安さであり、宿泊の機能をいかに安く購入するか、というホテル型モノ消費の究極の形です。つまりカプセルホテルの進化とは、安さの進化のはずでした。しかし京都にできたナインアワーズというカプセルホテルは、カプセルホテルを宿泊機能ではなく体験と捉え直した、カプセルホテル業界にイノベーションをおこした画期的なホテルです。

施設の名称でもある「ナインアワーズ」とは、7時間の睡眠の前後に、シャワーなどを浴びる夜の1時間と、支度をする朝の1時間を足し、9時間という休息時間を体験価値と捉えたことから付いたネーミングです。カプセルホテルという業態を、カプセルという機能から、9時間の体験という概念に置き換えたエポックメイキングな業態です。とは言えシティホテルでもリゾートホテルでもないので、プールやジムがあるわけではありません。あるのは、この様な価格帯では期待することすらなかった、洗練されたデザイン体験です。

施設全体のクリエイティブディレクションと宿泊用カプセルのデザインは、プロダクトデザイナーの柴田文江氏による、非常に洗練されたモノになっており、インテリアデザインは中村隆秋氏による、白くミニマムで美しい空間になっています。空間や施設の機能をピクトグラムで表示するシンプルなサインデザインは廣村正彰氏によるものです。これらのデザインは、カプセルホテルに宿泊するという選択肢が持つネガティブな面を、ポジティブで楽しみのある選択肢に変えてしまいました。ひょっとするとこのホテルなら、これまで安く宿泊するためだけに存在する機能だけのカプセルホテルに興味を持たなかった、ホテル＝ブランド体験と捉える一流ホテルユーザーを、新規顧客として取り込むことができるかもしれません。

いずれにせよ、外国人観光客の取り込みや、女性客の取り込みに成功しており、従来のカプセルホテルユーザーの中高年男性層とは異なるマーケットが生み出されている事実があります。こういった事例からもわかるように、既存概念で捉えるとコモディティ化したとも思われる産業にも、体験とデザインの視点を入れていくことによって、新しいマーケットを生み出すことができるのです。

では、ナインアワーズの体験とデザインを見ていきましょう。

ナインアワーズは、白をベースに構成された非常にシンプルで洗練されたイメージです。程よくRを取り入れたピクトグラムデザインは、クールな空間デザインの中に優しい印象を持たせています。建物ファサードの低層部分は京都の町家の様なモチーフになっており、前面ガラスの入り口からは真っ白い内部空間が発光している様に見えてきます。宿泊は基本的には予約制になっていて、入り口で靴を脱いでロッカーに預けてから入場するシステムになっています。受付でチェックインし、オリジナルのミネラルウォーターなどを受け取ります。ホテル内のフロアは男女別々のフロアになっていて、エレベーターも別々です。男性用のロッカー兼シャワーブースは9階に設置されています。石けんやシャンプー、コンディショナー、歯ブラシ等は全てオリジナルのデザインで仕立てられています。館内着は、黒に白いロゴが入ったスポーツウェアの様なデザインで従来のビジネスホテルのイメージとは随分異なります。館内は、シャワーブースはもちろん、洗面台、化粧台も全てハイカウンターになっていて、椅子がありません。徹底した機能とスペース合理化の一方、デザイン体験を豊かにするアメニティや設備に投資していることがわかります。寝るためには再びエレベーターに乗り、カプセルが並ぶフロアへと行きます。カプセルはやや暗めの空間に、シンボリックに光を放ちながら浮かんでいる様です。カプセルのデザインは、全体的に曲線でできており、カプセル室内は繭の中に包まれた様な空間デザインになっています。カプセル室内にはテレビなどはなく、寝転んだ頭の視線の先に、カプセルの室内環境を整えるためのコントロールパネルが付いています。目覚ましの機能は、音ではなく、指定した時間にゆっくりと明るくなり、起床時間を光が教えてくれます。

ナインアワーズは、施設名称ですが、カプセルホテルを9時間の体験という概念に置き換えました。いわば「カプセルホテルは、カプセルホテルからナインアワーズへ。」というカプセルホテルの新業態に近い概念の改革があります。たとえ、もたらされる機能が同じであっても、概念を捉え直し、そこに体験のシナリオを生み出し、全てのデザインを洗練させていくことで従来にない価値を生み出していると言えます。

「Nespresso」の体験デザイン

ここまで紹介してきた事例の体験デザインは、店舗やホテルなど、空間の中での物理的実体験を伴う狭義のブランド体験の話でした。空間における体験デザインは、自分が体験することをイメージしながらシナリオを構築できるので、コンセプトと体験のイメージさえできれば比較的描きやすいはずです。しかし、商品自体の体験や、商品やブランドにまつわる全てのサービスも体験シナリオに組み込むことができれば、体験デザインの枠は広がり、事業全体の顧客体験「カスタマーエクスペリエンス」を構築することができます。

1章でも触れましたが、そもそも世の中の消費の大半は体験（コト消費）で構成されています。「モノからコトへ」と言われ始めてずいぶん経ちますが、この「モノからコトへ」という言葉が使われる意図は、消費者の消費の対象が、モノを買うという行為から、旅行に行ったり、スクールに通ったりなどのコトへと移っているという、何に対してお金を使っているかという文脈で使われます。

しかし、もう一つ、時代の変化に伴う「モノ」の捉えられ方の変化があります。それはモノを所有しないことをスマートな判断とし、なるべくモノは持たず、シェアやレンタルでまかないたいという人々の価値観です。これはモノをコトに置き換えた時に生まれる経済的価値感の変化です。今後、メーカーがマーケティングによって消費者の価値観を再び所有へと向わせることは難しいでしょう。

ならばメーカーは、モノをつくり売る、という「モノつくり」のビジネスから、「モノはコトの媒介」と捉えた「コトつくり」のビジネスへと踏み出し、コトの仕組みの中でモノやサービスを生み出していく考え方、カスタマーエクスペリエンスの構築に踏み出すことが必要ではないかと思います。

ではここで、体験を広義に捉え、商品体験やブランド全体の体験をいかにデザインするか、という観点から「カスタマーエクスペリエンス」を構築し、さらにデザインも美しく戦略的につくりあげることにより、新たなマーケットをつくった事例を見ていきましょう。

最近テレビＣＭでもよく目にする、ネスレネスプレッソが提供するサービス、Nespressoはご存知でしょうか。この新しいサービスは、大きく括るとウォーターサーバービジネスに近いスキームで構成されています。ウォーターサーバービジネスは、ウォーターサーバービジネスだけで展開している事業者が大半を占めますが、水メーカーが水を売るための販売手段を、小売で販売する旧来の手法から、「カスタマーエクスペリエンス」の構築で新たな売り方を生み出した事業です。ウォーターサーバービジネスは、顧客がスーパーマーケットで水を購入する手間を省き、いつでも美味しい水を家で手軽に飲むことができる仕組み（体験）を商品にしています。水を買いにいく手間が省けるという「機能的な価値」がこの事業の顧客満足の大半をしめると思いますが、ウォーターサーバーが家にある光景というのは少しだけリッチな気分にもなるので、そういった情緒的な要素も顧客満足に含まれるでしょう。サービスを展開している会社の中には、水を最後まで外気にふれずに飲むことができるとして、差別化を図っている会社もあります。こういった機能的な価値の向上は顧客にとってその会社を選択する理由になります。また、デザイン性を向上して、サーバーが置かれたインテリアの風景を洗練させていくことで情緒的な価値を向上し、差別化を図ることもできます。

Nespressoのサービスもウォーターサーバービジネス同様に、メーカーがコーヒーを小売店で売るというモノ売りの視点から、日常生活におけるコーヒー体験をデザインするという視点に立った時、ただコーヒーを売るのではなく、独自性の高い「カスタマーエクスペリエンス」を構築することで、オリジナリティの高いビジネスとして昇華しています。このサービスは、Nespressoだけに限られたものではなく、同様のビジネスを取り組む競合も存在しています。しかし、体験の仕組みが同じでも、ブランドのデザイン、見せ方に秀でているNespressoは、他社が展開している同様のサービスとは一線を画すブランドとして認知されています。

Nespressoのブランドデザインは、家で気軽にエスプレッソを飲めるマシンと、そのマシンで使用するコーヒーが入ったカプセルのデザインを高いレベルで洗練させ、店舗での購買体験やオーナーシップサービスなどの見せ方も含めて、統合的に高いレベルで仕立てています。恐らく、家で気軽に飲めるエスプレッソマシンとカプセルをありふれたデザインで提供するサービスだけでは、ここまでの成功はありえません。なぜなら、日常的にエスプレッソを飲むという文化が日本にはないからです。Nespressoの日本の顧客の大半は、家に洗練されたデザインのNespressoのマシンがある風景に憧れ、毎朝起きてこの素敵なマシンでエスプレッソを抽出するというイタリアの様なライフスタイルを夢見て、このブランドの顧客になった方も少なくないでしょう。Nespressoが売っているのは、機能ではなく、情緒（日常にエスプレッソがある憧れの生活）なのです。

日常にエスプレッソがある憧れの生活（体験）を売りものとした時に、どの様なモノが商品化できるでしょうか。エスプレッソマシンや、エスプレッソカプセルはもちろん必要機能として満たさなくてはなりません。エスプレッソを楽しむためのカップやスプーン、トレーなどのインテリアグッズ、エスプレッソと一緒に味わうためのチョコレートやクッキーも対象となります。青山フラワーマーケットの例でも触れましたが、こうしたライフスタイル提案を行っていくことで、ブランドが目指す世界観を具体的に伝達できるため、顧客がブランドを理解しやすくなります。この様な売りモノに加えて、フラッグシップショップ「ネスプレッソブティック」でのブランド体験や、顧客をオーナーとして位置づける会員サービス「ネスプレッソクラブ」の存在、コールセンターとして機能する「ネスプレッソアシスタンスサービス」などを付加していくことで、カスタマーエクスペリエンスを構築しています。メーカーがその商品自体を体験する仕組み、周辺のライフスタイル商品、ブランドを象徴するフラッグシップ、オーナーに向けた会員サービス、商品をメーカーからダイレクトで購入できる流通の仕組みなどを構築し、ここまで見事なブランドデザインを実行している例はなかなか見当たりません。

では、Nespressoのデザイン戦略をもう少し見ていきましょう。

Nespressoのデザイン

Nespressoのデザイン戦略が見事なのは、コーヒーが封じ込められた様々なカプセルを、ブランドのビジュアルモチーフとして利用していることです。このカプセルは、広告はもちろん、紙媒体や様々な映像にも必ず登場しますし、ネスプレッソブティックでも空間のデザインを彩る大切な要素として登場してきます。このカプセルの色合いは、カラフルですが鮮やかというよりは少し深みのある高級感のあるカラー展開になっていて、

Nespressoブランドのポジションを物語っています。カプセルのデザインは、丸みの中にも直線と角が存在し、スタイリッシュな印象を持たせています。この22色のカプセルには、それぞれ名前があり、それぞれに味の特徴があります。カプセルは種類毎に長細い箱に一列に入れられています。箱を空けた時に、このカプセルがずらりと出てくる様も、顧客の心を高揚させるのに一躍買っています。また、コーヒーをカプセルに封じ込めることで、抽出の瞬間まで酸化を防ぐことができるという、コーヒーへの拘りを物語ることも機能と情緒の両面の価値を高め、ブランド自体の価値を高めています。

Nespressoのコーヒーメーカーは、極めてシンプルな動作でエスプレッソを抽出できる機能性と、無駄な装飾が少なく機能に従ったデザイン性を持っています。これらのデザインはインダストリアルデザイナーのアントン・カヘン氏によるもので、世界中のインダストリアルデザインの賞を受賞しています。

デザイン性の高い商品が自分の日常生活に取り込まれ、生活の中に今までにない体験が増えていくこと自体が、顧客にとって、このブランドを象徴する体験になりますが、一方でネスプレッソブティックの様な、ブランドスペースでの体験も重要です。それではネスプレッソブティックでのブランド体験がどのように設計されているのか、見ていきましょう。

ネスプレッソブティックの空間デザインは、フランス人建築家のフランシス・クレンプ氏が担当しています。店内は、ポッドのデザインを引き立たせるために、余計な色彩を使っていません。高級感を感じさせるダークブラウンのウッドを什器に使用し、空間も白、ベージュ、黒、グレー等で仕上がっています。入り口周辺の壁面にはコーヒーマシンや周辺機器が並び、実物を見て触って買う為の商品が並んでいます。空間を構成する要素の中心、そして体験デザインのコアになるのが、店内中央に鎮座する円形のテイスティングカウンターです。

ここではすべてのカプセルを試飲することができます。このカウンターの周りに集まった客がテイスティングをしながらスタッフと会話をしている様子は、この店舗をただの物販業態から遠ざけています。カプセルを購入するためのレジカウンターは、店内で最も大きな壁面の前に設けられています。カウンター背面の壁面には、カプセルが入った箱が天井まで積まれており、この空間構成は世界中のネスプレッソブティックで統一のビジュアルとして採用されています。カプセルを買うカウンターは、22色のカプセルがカウンター前面に一列に並べられ、見た目のデザインとカウンターでの販売オペレーションの向上に役立っています。空間全体は、直線でつくられたシンプルで高級感が漂う形状の中に、空間のコアとして存在するテイスティングカウンターが、シンボリックに円形を有している構成が基本となっています。

ネスプレッソブティックのオペレーション

ネスプレッソブティックで働くスタッフは「コーヒースペシャリスト」と呼ばれ、商品知識だけでなく、コーヒーに関する知識も身につけています。店内はフルオペレーションで、入店するとすぐにスタッフが声がけをしてきます。フルオペレーションを実施することで、気軽に誰でも入れる店ではなくなりますが、冷やかしの客が少なくなることから、店内の空気に一定の緊張感が保たれ、既存顧客からするとハイブランドとしての体験が失われない、よい空気感と言えます。スタッフの衣装は黒に近い濃いグレーのスーツで全員揃えており、インナーも同様の色をしています。衣装にはポイントカラーもつけていません。これは、ハイブランドとして少しフォーマルな印象を持たせるための演出であり、店内のカプセルカラーと干渉しないデザインになっています。専門性のあるスタッフ、フォーマルな身だしなみ、フルオペレーションが、Nespressoの店舗体験を、高級ブランド体験として昇華しています。

この様にNespressoは、商品体験にとどまらず、店舗での体験、カスタマーサービス含めて、顧客がブランドに期待するレベルを高く維持しています。これら様々な体験を、一つのブランドが同じ世界観で行うことで、クオリティの高いカスタマーエクスペリエンスが構築され、メーカーをモノ売りからコト売りへと進化させるのです。コトを売ることで顧客の生活サイクルに入り込み、顧客との中長期的な関係性を構築し、メーカーは継続的に収益を上げていくことができるでしょう。

第3章　ブランディングにおけるデザインとプレーヤーの役割

デザインとはブランドの可視化である

第1章でも触れたように、企業におけるデザインとはブランドを可視化することです。当然、企業におけるデザインには「芸術」や「感覚」ではなく、「戦略」という文脈が必要となります。そこでのジャッジに際しては常に、デザインが素敵かどうかの判断はなく、そのデザインがブランドの人格を的確に表しているか、で判断されます。そしてブランドが可視化されるプロセスにおいて、最もその思想が表現されているべきは、ブランドのロゴです。

企業におけるロゴの役割として、企業のビジョンや性格が、ロゴの形や空気感から現れているべきですし、商品ブランドロゴであれば、その商品が所属する企業のロゴやコーポレートアイデンティティとの関係性や、商品ブランド自体が持つ価値や独自性も含め、ロゴのデザインとして具現化されているべきです。

企業におけるコーポレートロゴという存在は、企業の様々な意思や性格が凝縮され、搾り出された、たった一滴のしずくのような存在です。当然、フォントの選び方、カラーの選び方で、顧客に伝わるイメージ、「企業らしさ」が変わってきます。

企業ロゴやブランドロゴと同様に、意思や性格がそのままデザインに表れているべき対象が、商品のデザインです。顧客からすると、商品のデザインは、ブランドロゴのデザイン以上に、企業やブランドの意思、性格を感じとるものになるかもしれません。時には、ブランドのイメージを大きく変えるほどの商品デザインが生まれ、それによって顧客はブランド自体のイメージを捉え直すきっかけになるかもしれません。

デザインをブランドの可視化と捉え、デザインを経営の資産として取り組んでいる欧米のメーカーでは、商品デザインの細部に至るまでブランド・アイデンティティが表現されています。メルセデスベンツ、ＢＭＷ、アウディなどのスーパーブランドは、車体の先頭のブランドシンボルを外しても、どの車がどのブランドのものか、言い当てることができるでしょう。これは各ブランドの意思や性格が車両のデザインにも反映されていて、顧客に対してそれらが伝わっていることの証であり、車種のブランドによってもまた、会社のブランドや価値が構成されていることを表しています。

逆に、企業が保有する商品カテゴリーの中で、ブランドの意思や性格を表現することができない商品カテゴリーであれば、どれだけ利益が見込める商品カテゴリーであろうとも、その商品カテゴリーには進出しない判断が必要です。なぜなら、その商品を提供することによって顧客にとっての企業ブランドイメージにブレが生じ、結果的に他の商品にも影響を及ぼしてしまうからです。

たとえば、ＢＭＷはこれまでミニバンを出していませんでした。ミニバンは、国産メーカーの商品ラインナップには必ず含まれていますし、メルセデスベンツも保有しているカテゴリーです。ミニバンというカテゴリーは、ファミリーやレジャー向けの商品カテゴリーとして大きなマーケットがあり、車両単価も高いため、自動車各社は力を入れています。しかし、BMWにはこのカテゴリーの商品がありません。なぜでしょうか？

それは、そもそもミニバンという商品カテゴリーの市場が日本を中心に発達しており、グローバルで見ると市場はそれほど大きくないという要因が一つと、もう一つは、「走る歓び」をブランドの価値としているBMWにとって、走りよりも輸送という機能価値に比重が置かれたミニバンという商品カテゴリーが、ブランドの意思と合致していないからです。「走る歓び」を追求している企業精神に共感し、BMWを選んでいる顧客にとって、BMWが売上のために車高の高い輸送機を作ることは、ブランドが保有する美学が裏切られたのと同じことです。

しかし2014年、BMWから「2シリーズアクティブツアラー」という名前でミニバンが登場しました。経営判断としてこのカテゴリーに参入しないということは、なかったのだと思います。しかし、そのデザインを見る限り、ＢＭＷはこのカテゴリーでも企業の意思を表現しようとする姿勢を感じます。フォルムは低めで、ミニバンというカテゴリーにしてはコンパクトな車体は、やはり「走る歓び」を感じさせるデザインになっていきます。この商品によって顧客は、ＢＭＷブランドのミニバンを手に入れることができます。

ブランドとデザインの関係を考える時、最も象徴的な事例として挙げられるのはやはりアップルです。

ミニマルな商品デザインを始め、パッケージのデザイン、広告展開におけるコミュニケーションデザイン、ストアの空間デザイン、オペレーションデザイン、そしてセールスデザインに至るまでの全てにおいて、徹底したデザイン戦略がとられています。初めて目にするテレビ広告でさえ、アップルのロゴが最後に登場しなくても「アップルの広告だとわかる」表現になっています。

アップルがここまでブランド管理やデザイン管理ができている理由は何より、経営者のスティーブ・ジョブズが、優秀なクリエイターであったからでしょう。正確にはジョブズはクリエイターではありませんが、常にブランド・アイデンティティの観点から製品のあり方やデザインの方向性を示し、アップルのチーフデザイナーであるジョナサン・アイブを起用し続けたことが功績といえます。

ジョブズ亡き後で、アップルがこれからもジョブズが望んだデザインをつくり続けることができるのか。これは世界中が注目していることであり、もちろん今後のアップルの運命を大きく左右します。たとえアップルのユーザーエクスペリエンスやインターフェースが以前のままであったとしても、プロダクトデザインが崩壊すれば、アップルは多くの顧客を失うことになるかもしれません。何より、アップルファンである僕自身、プロダクトのデザインが崩壊したアップルに魅力を感じ続けるかどうか疑問だからです。

デザインは、ターゲットと共にある

デザインの話になると、どのブランドのデザインがよいか悪いかという話になります。その判断の基準は、それぞれの人の主観により、好みの問題です。しかし、デザインとは単に「格好がよければいい」「洗練されていればよい」という単純な話ではないことは、ここまでで話をしてきました。

確かに、世界的に通用するブランディングの成功例は洗練されたデザインであるケースが多いのですが、全ての企業がデザインを洗練させた結果、成功しているとは限りません。ドン・キホーテの店舗デザインの項でもお話しさせていただきました。

例えばトヨタ自動車のデザイン。単純に、デザインの洗練という視点だけでトヨタのデザインを見ると、メルセデスベンツやＢＭＷ、アウディのデザインほど、洗練を追いかけていない様に感じます。

しかし、デザインを洗練させていくことが、自動車のデザインにとってよいことだと判断するのは、デザイン至上主義であり、個人の主観でしかありません。マーケットの視点に立ってトヨタのデザインを見ていくと「経営判断としてのデザイン」が存在することは確かです。なぜならトヨタは、国内海外含めて、世界で最も車を売っているメーカーだからです。

では、トヨタはなぜメルセデスベンツやBMW、アウディよりも多くの台数を販売するのでしょうか。トヨタがつくる自動車は、ドイツ車と比較して、コストパフォーマンスは優れていますし、その性能は世界トップレベルです。これらの視点は、機能に価格が付いた、モノ売りの視点です。つまり、顧客がトヨタを買う理由の一つは、モノとしての機能とコストとのバランスが優れているから、ということがわかります。

一方でデザインはどうでしょうか。仮にドイツ車のデザインがトヨタのデザインと比較して洗練されているということにしたとしても、トヨタの車を買うターゲットが、その様なデザインをどれだけ求めているのか、という市場の判断に尽きるのではないでしょうか。

ある地方都市で、知り合いの男性（50代）と話した時のことですが、彼の愛車はトヨタのクラウンでした。僕の、「クラウンではなく、ＢＭＷやベンツは買わないのか？」という発言に対して、「ベンツやＢＭＷは派手すぎて自分には似合わない」と言っていました。当然ですがデザインは、受け取る側の価値観によって変わります。この男性にとってドイツ車のデザインは自分の好みとは異なるデザインだということです。

もしもトヨタが洗練文脈を主としたハイデザインブランドに生まれ変わったら、既存顧客はどう感じるでしょうか。トヨタの様な会社にとって、日本人が乗ることをためらうようなハイデザインの車をつくることは、既存顧客の期待に反することかもしれません。

そして、トヨタはプロダクトブランドが立ったブランド戦略を取っています。メルセデスベンツ、ＢＭＷ、アウディ等は、車のデザインがそのまま企業ブランドを表現していますが、このようなブランド戦略、プロダクトデザイン戦略は、絞り込んだターゲットから共感を得ることが目的で、全ての人から共感を得ることが目的ではありません。各ブランドの個性がはっきりしているからこそ、ＢＭＷは好きだけどメルセデスベンツは嫌い、アウディは好きだけどＢＭＷは嫌い等、好き嫌いが明確に別れますが、一方で強い支持を得ることもできます。

レクサスの場合はメルセデスベンツ、ＢＭＷ、アウディ同様に、全てのプロダクトブランドが一つのブランドの傘の下で纏められていますが、トヨタの場合はプロダクトブランドがそれぞれ独自のデザインを持ち、全てのプロダクトブランドがトヨタらしいデザインで統一されている様には見えません。なぜトヨタはこういった戦略を取らないのでしょうか。トヨタは、シェアナンバーワン企業として、全ての顧客から一定以上の共感を得るブランドでなくてはなりません。そうすると、トヨタかトヨタじゃないか、という選択肢ではなく、トヨタの保有する車種ブランドの中で、どの車が好きで、どの車が好きではないか、という、トヨタブランド内で様々な選択肢を提供し、全ての顧客のニーズを満たす必要があります。だからこそトヨタの車は、車種ブランドが立ち、企業ブランドはそれらの信頼性を高めるための役割として、車種の後ろ側に存在します。

ただし、こういった戦略は、商品数が多いナンバーワン企業だからこそできる戦略です。顧客にとって、価格も機能も同じであれば、ナンバーワン企業の商品を購入する方が、リスクが低いからです。よって2位、3位の競合他社は同じ戦略をとることができません。当然、トヨタとの差別化を図るために、ターゲットを狭めてでもデザインで個性を強めていく等の戦略にも力を入れなくてはなりません。

たとえば最近のマツダは、ブランドとしてのデザインが見事に可視化された戦略をとっています。一昔前は東京でマツダの車を見ることはあまり、ありませんでしたが、最近は東京でもよく見かけます。クリーンディーゼルエンジンという、訴求するべき技術の絞り込みと、ブランドとしての統一デザイン戦略が、マツダのブランドをわかりやすく顧客に伝えることに成功しています。

このように各社のデザインレベルが向上すると、世の中に出回る商品デザインのレベルが向上し、消費者のデザインに対する意識も向上していきます。だからメーカーも、顧客のデザイン意識の変化に合わせて、デザインのレベルを変化し続けていかなければなりません。自社のデザインが、市場のデザインレベルを下回っていくと、それがブランドにとって価格を超えたマイナス要因になることもありえるのです。

ヤンマーに見る、ブランディングとデザイン

ヤンマーがリブランディングを行いました。ヤンマーと言えばヤン坊マー坊の天気予報のイメージを想起される人も少なくないでしょう。

これまでのヤンマーには農家のトラクターをつくっている、堅実な会社というイメージが定着していたように思います。しかし実際、ヤンマーは海外でも農業機械やディーゼルエンジン、建設機械事業を展開する非常に大きなグローバルブランドです。

そのヤンマーが先頃、佐藤可士和氏を起用してリブランディングに取り組みました。このリブランディングは、一企業が行ったリブランディングとしては大掛かりなものでした。そして「堅実」イメージの強かったヤンマーのブランドイメージに対し、「先進的かつ革新的な」企業イメージを走らせることに成功しています。

企業のリブランディングでは、ブランド・アイデンティティを見直す／CIを変更する／お店の看板を架け替える／社員が所持する名刺や社章等のツールを変更する／社員に配布するためのブランドビジョンブックを作成する…といったところでプロジェクトが終わるケースがほとんどだと思います。

しかしリブランディングで最も重要なことは、社員の意識を変えることです。社員はリブランディングに伴い危機感を持たなければなりませんし、新たな会社の幕明けにワクワクするような期待感を感じるべきです。そして会社の向かうビジョンに共感し、企業と一体化して意識と行動を刷新しなければなりません。

CIを変更してブランドビジョンブックを配布して終わる程度では現場の意識は変わりません。社員は組織が変更したり、売りモノや売り方が変わるような、自分と関係ある具体的なアクションが起きない限り、会社のリブランディングは自分ごとにならないのです。

ヤンマーのリブランディングは、企業ロゴを変えただけではなく、商品のデザインまで一新した大胆なアクションをとりました。そして商品デザインは当然、新ブランドの戦略に従った、非常にイノベーティブでダイナミックなモノでした。

佐藤可士和氏はトップと直接対話するポジションでプロジェクトを進行することで有名です。デザイン言語だけでなくマーケティング、ビジネス用語を熟知し、対等に経営者と対話ができる稀有なクリエイターです。佐藤氏は企業ロゴを始めとしたブランドのデザインを担当しています。そして農業のイメージを一新する作業着と、スタッフユニフォームのデザインは、佐藤氏からファションデザイナーの滝沢直己氏に依頼し、リブランディングプロジェクト全体をトータルプロデュースしています。さらに、革新的なコンセプトトラクターやプレジャーボート、ディーゼルエンジン等の各種コンセプト製品のデザインは世界的に著名な工業デザイナーであり、ヤンマーホールディングスの取締役に就任した奥山清行氏が手がけています。

このプロジェクトで、新しい企業ロゴは、社名の由来にもなったオニヤンマのフォルムをモチーフとした力強いデザインで、ブランドが向う意思や性格を感じさせるデザインとして進化しました。社員にとっては、会社のビジョンやロゴだけではなく、売り物である商品のデザインも変わることで、このリブランディグは自分ごとになったでしょう。すくなくとも、この商品を自分はどういう立ち振る舞いで売るべきか、この様な商品を売る企業として自分はどうあるべきか、という自問自答をするきっかけになったと思います。

また、こうした企業ブランディングを、著名なアートディレクターである佐藤氏が、一人のデザインワークとして完結するのではなく、連携しながらプロジェクトを成功に導いた、という面が世の中のデザイナーにとってはインパクトがあるものでした。

ヤンマーのブランドマーク。

148

ブランディングファームとは

ヤンマーのリブランディングを手がけた佐藤可士和氏のようなデザイナーは、非常に希有な存在です。おそらく佐藤氏はコンサルティング会社のようなプロセスを踏まなくても、デザイナーとしての直感とバランス感覚、そして企業トップとのダイレクトコミュニケーションでブランドが進むべき方向性を導きだすことができるのでしょう。

しかし、佐藤氏の様な天才デザイナーでなければ、ブランディングはできないのかというと、そういうわけではありません。少なくとも、世界には企業のブランド・アイデンティティを明確にし、企業の事業戦略に効果を生むブランドのあり方を導き出し、デザインとして可視化するサービスを提供しているブランディングファームやデザインファームが多数存在します。

創業間もない企業であれば、明解な社長のビジョンが存在するため、社長の意思をデザイナーが共有することで、比較的スムーズにブランドを規定し、可視化していくことができます。

しかし長年続いている企業では、事情が異なります。創業時には明確にあったはずのビジョンは、会社のスローガンとして残っていても機能せず、企業活動として全く実践できなくなっていたりします。創業時のようなベンチャーマインドを失いかけている企業にとっては内部の舵取りは難しいものです。このような企業のブランドを再規定し、新たにブランディングしていくのは、ちょっと知り合いのデザイナーにデザインリニューアルを依頼してみて解決できるような問題ではありません。

なぜなら企業の想いやビジョンを明確に規定できるのは、何と言っても社内の人間でしかないからです。企業の歴史や、経営者の想い、従業員の想いを理解していない社外のデザイナーにはブランドそのものをデザインすることはできません。ゆえにこのブランドをカタチづくるデザインは、本来、社内の人間によってデザインされるべきものなのです。しかし、実際のところ社員は、中にいるからこそ迷子になって自信を失っています。こうなると自社のリブランディングを自分たちの手で実現することは容易ではありません。

このような状態の企業に対して、ブランディングファームは企業の方向性をなかばカウンセリングのような手法を用いて、ビジョンを導きだしながら、リブランディングを進行していきます。

ブランディングファームは驚くような斬新な新しいアイデアを持ってきてくれるわけではありません。ブランディングとは最終的には企業がどうしたいかが全てです。そのため対話や議論を通じ、課題点を洗い出し、仮説を立て検証します。提案型というよりは意思を抽出していくカウンセリング型と言えます。

こういったコンサルティングファームの代表的な例としては、企業（ブランド）のコンサルティングではインターブランドやランドー、製品のデザインのコンサルティングではＩＤＥＯなどがあります。

いずれもコンサルティング（プロセス）を大事にしているため、企業側がオリエンテーションをして数週間後にデザイン提案をするという会社ではありません。いずれも様々な調査手法を駆使して、進むべき道を明確にしていくプロジェクトの進行方法をとっています。

このようなブランディングファームの実績は、やはり日本よりも欧米の方が一日の長があります。とはいえ、今はまさに日本企業のデザイン黎明期といえる時期です。企業ブランドのコンサルタントの役割を果たす日本のブランディングファームが今後多数現れ、日本のデザインを強くしていく時代が来ると思っています。

デザイナーは経営者のパートナーに

ブランドの戦略に基づいて、CIや商品は正確にビジュアライズされる必要があります。その可視化の実現はデザイナーの重要な役目です。つまりデザイナーには、ブランドの戦略や、企業の事業戦略を理解する能力が求められます。時には、そのブランドの方向性自体を、大幅に軌道修正するために経営者に提言する役割も持ちます。その意味でデザイナーは、企業経営においてなくてはならない存在なのです。デザイナーは、デザインの技術はもちろんですが、企業戦略を理解するための知識と、戦略とデザインのマッチングを適切に遂行するための審美眼を持ち合わせるべく努力をしなければなりません。

デザイナーは芸術家ではありません。企業のデザインや商品のデザインは、デザイナーの作品ではありません。ブルーノ・ムナーリは、自身の著書の中で、次のように言っています。「芸術家とデザイナーの第一の違いは、前者は自分自身とエリートのために主観的な方法で作業し、後者は全共同体のために、実用と美観という観点でより良い製品をつくろうと作業するということである。したがって、この2つの作業は異なることがわかる。平たく言えば、芸術家の夢は美術館にたどり着くことであるが、デザイナーの夢は市内のスーパーにたどり着くことである」。芸術家は芸術家として尊敬されるべき存在ですが、デザイナーは戦略家として、表現の世界を泳ぎ続けてはならないのです。

もちろんその反面、芸術家肌のデザイナーが優れたデザインを生み出す能力に長けている側面もあります。芸術家の個性と企業が求めるデザイン戦略がマッチすれば爆発的な威力を発揮するケースもないわけではありません。しかし、それがやってみるまではわからない、博打のような組み合わせであれば、企業にとっては戦略とは言えません。

新商品のデザインにおいて、「○○氏デザイン」とデザイナーの個性が商品や企業よりも前に出るケースがあります。これはデザイナーにとってはステータスのある極めて魅力的な仕事ですが、企業としてはどうでしょうか。そのデザインがその後も継続的に存在し、企業の資産になっていくなら別ですが、そうでないなら幸福な関係とは言えません。

芸術家肌のデザイン力の高いデザイナーを、企業の戦略通りにディレクションしていくのは、企業側からすると扱いづらいだけかもしれません。一方で、企業の言う通りに動くオペレーター的なデザイナーは、企業のブランドトーンを外すことはなくても、イノベーティブなアイデアをもたらすことはできません。単に扱いやすいという理由でオペレーター的デザイナーを使うことは、企業にとっては手抜きであり、衰退の始まりです。

ではどうすればデザイン力の優れた優秀なデザイナーを、企業戦略に則ってディレクションできるのでしょうか。その実現のために、クリエイティブディレクターという存在がいるのです。

クリエイティブディレクターという戦略家

クリエイティブディレクターという職業があります。広告業界で言うクリエイティブディレクターとは、主にテレビCMなどの制作をする際に陣頭指揮をとる人です。広告制作の場合ならコピーライター、プランナー、デザイナー、広告マーケティングの人間を従えて、企業の商品またはブランドのセールスポイントを発見し、いかに広告の枠の中で表現し、顧客に伝えるか、という戦略を描き、表現に落としていく役目を担います。

クリエイティブディレクターに最も求められる能力は、企業や商品が持つ特徴や顧客ベネフィットのうち、どれを選定することが顧客にとって魅力的な商品になりえるかを発見すること、それをどのような文脈で表現するかというベクトルを設定し、的確なディレクションで多くの関係者を動かして実現していくことです。クリエイティブディレクターは決して芸術家ではありません。方向性を示し、芸術家肌のクリエイティブスタッフをまとめ動かす、戦略家です。

広告会社の肩書きで言えば、こうした能力はおしなべてコピーライターが持っているケースが多いと思います。商品の良さ、特徴を発見し、それを顧客に届く様に一言で表現するコピーライターの仕事は、クリエイティブディレクターになるための修行期間の様なものです。僕がいた博報堂でもクリエイティブディレクターはコピーライター出身者が多く、入社して12年〜20年でクリエイティブディレクターに就任していきます。これは年次で就任するものではなく、能力で就任するものです。しかし中にはデザイナー出身のクリエイティブディレクターがいます。デザイナー出身のクリエイティブディレクターも同様に、企業や商品の特徴や良さを発見し、ビジュアルで表現していくことができる人です。ビジュアルで表現できる技術は、視覚を通して強く人に訴える力を持ちます。しかしデザイナーは、企業の戦略よりも自身の表現の方に意識が行きがちなので、企業戦略を理解するデザイナー出身のクリエイティブディレクターは非常に希有な存在です。クライアントと戦略のコミュニケーションができないようでは務まらないポジションだからです。

一方で、コピーライター出身の優秀なクリエイティブディレクターでも、ビジュアルの審美眼を持ち合わせている人がいます。こういったクリエイティブディレクターもまた、希有な存在です。

いずれにせよ両者に共通していることは、ものごとを絞り込む能力、顧客インサイトを見つける能力、方向性の設定力、プロジェクトの実行力において熟知していることが挙げられます。


ここでは広告業界におけるクリエイティブディレクターを例にとりましたが、クリエイティブディレクターが企業やビジネス全体を見る統括責任者としてのポジションを担う場合も持つべき資質は同じです。会社のビジョンや戦略に則り、どの様なブランド戦略をとるか、どのような商品をつくるか、どの様な広告をつくるか、どのような店舗をつくるかなど、企業戦略に則って、全てのクリエイティブのトーン＆マナーを導き出す、非常に重要な役割です。

グッチのクリエイティブディレクターを務めたトム・フォード氏はその最たる例ですし、日本企業で言うと日産自動車の中村史郎氏がそのポジションにあたります。彼らのような存在は、ブランドを一本の軸の通った存在にしていくために、企業にとって必要不可欠な存在であると海外では認識されていますが、日本の企業では経営におけるクリエイティブディレクターのポジション、「チーフクリエイティブオフィサー」の存在をあまり聞くことはありません。

本来は全てのメーカーに必要なポジションですが、日本ではいわゆるデザイナーやクリエイティブの重要性がまだまだ低く捉えられているという現実があります。しかしこれからは、この状況は変わっていくはずです。

第4章　体験デザインのつくり方

ブランド体験をつくるにあたり

企業にとって、その企業に相応しいデザイン戦略を持つことはブランディングにおいて不可欠であるというお話をしてきました。デザインとは、視覚を通して顧客に伝わり、企業のイメージを大きく左右するものです。

僕はこれまでブランディングや、デザインコンサルティングの仕事を数多く手掛けさせていただきましたが、一級建築士という理由もあり、ブランディングの最終アウトプットとして店舗や空間開発が絡んだプロジェクトを依頼されるケースが多かったように思います。

そのブランド「らしい」空間デザインを開発していくにあたり、先にも述べた、「人」「モノ」「空間」の理論の実践が非常に重要になってきます。空間デザインの開発は、

「人」と「モノ」を無視して、単独で進行するものではありません。どのようなオペレーションで商品を扱うことで、商品がよりターゲットにとって魅力のあるものになるのか、どのような雰囲気のスタッフに、どのように働いてもらうかなど、空間デザインの開発前にやるべきことがあります。

特にターゲットの設定ではリアルな来場者を想定しなくてはなりません。机上の空論ではデザインやオペレーションが生み出す雰囲気にそぐわない、想定外の顧客が溢れる結果になってしまいます。これではどれだけデザインが立派でも、実体の伴わないブランドになってしまいます。

その意味で、どういった顧客にどういった体験を提供すべきかという、デザインの前段階にある体験構築のプロセスが重要な役割を果たします。ここで構築されたロジックは、後々デザインが担う可視化の役割と同様に重要です。体験を構築していくプロセスの中で、リアルな顧客を頭に浮かべてストーリーを構築することは、ブランド戦略を奇麗ごとで終わらせず、ビジネスとして持続、成長させるための現実に向き合う最初の一歩です。この章では、体験デザインを構築していくプロセスと手法について書いていきますが、あくまでもこれは空間をつくる際に行う手順です。事業全体のカスタマーエクスペリエンスを構築する、またはプロダクトをデザインしていく際の体験構築においては、プロセスが異なるかもしれませんが、ここで説明する視点は何らかの役に立つはずです。

これから解説をする5つのフェーズと手法は、クリエイターと経営者が1対1で対峙するようなプロジェクトでは、クリエイターが頭の中で描き、経営者に対して順を追って提言していくカタチで進めていけるはずです。また、複数の人間でプロジェクトを遂行する場合は、合意形成型のプロセスとして役に立つ手法だと思っています。

ただし、あくまでも僕の経験上ですが、現場の社員を交えた合意形成のブランディングプロジェクトはなかなかうまくいきません。もちろんそれはケースバイケースなのですが、現場の社員から上がってくる声はイノベーションの進言よりも、変化することで生まれる現場の不具合を憂慮した発言が多いからです。現場の社員で、会社の中長期的ビジョンを考えながら行動している人は少ないでしょう。なぜなら現場の社員にとって大切なのは、3年後の会社のありかたよりも、今、目の前にいるお客様だからです。

ブランディングは、経営トップが「こうありたい」というビジョンを持ち、「だからこう変える」という具体的な意志と行動指針を持ってトップダウンで実行するべきプロジェクトです。現場の社員の声を聞くことはとても大事ですが、あくまでもそれらが後にどの様な火種になるかを見極める程度で済ませて、イノベーションのプロセスでは過度に配慮する必要はないでしょう。もちろん、イノベーティブな意見であれば採用するべきですが、強い組織には、ある意味独裁的な強いリーダーが必要です。

2章で紹介した「星のや」には部屋にテレビがありません。社長の星野佳路氏は非日常の場を徹底させるために経営判断としてテレビを置かない選択をしています。たとえ顧客の声を受け止めた現場の社員からの改善要望があったとしても「素直に聞くべき改善点と毅然として無視することの選択が大事だ」と、答えていたのが印象的でした。スターバックスが店内を全席禁煙にしたのも同様です。

ブランディングとは会社の意思や性格をつくっていくことです。顧客の意見を聞きすぎることは、平準化の始まりと言えます。

ブランド空間構築における5つのプロセス

ブランド空間構築によるプロセスを大きな流れで捉えると5つのフェーズに分類されます。

1　ブランド共有フェーズ
2　コンセプトフェーズ
3　プロトタイプデザインフェーズ
4　実施フェーズ
5　マネジメントフェーズ

の5つです。

1	2	3	4	5
ブランド共有	コンセプト開発	プロトタイプ	実施	マネジメント
▶	▶	▶	▶	▶
既存のブランドを共有する。 ブランドの現状を把握する。	どの様な体験をつくるか。 コンセプトを決定する。	空間プロトタイプを制作する。	実施業務の設計・施工。	店舗ブランドの維持。
ブランドイメージ調査や、既存店舗の調査等もここで実施する。	ターゲットの明確化。 オペレーション、デザイン、商品の扱い方を定め、ビジュアライズする。	コンセプトで定めた概念、ビジュアルを全て踏襲する。体験のシナリオプランニングも行う。ショップツールやユニフォーム等のデザインも実施する。	実際に出店する地型に合わせてプロトタイプの考え方を全て落とし込む。	ミステリーショッパーや、顧客満足度評価等を用いて、当初に設定した価値に従って、オペレーションやデザインが維持されているか、マネジメントする。

それでは順番に見ていきましょう。

1：ブランド共有フェーズ

ブランドを明確にするまたは共有する

このフェーズは、空間を開発するにあたり、その空間の全ての基礎となる、ブランドを共有するフェーズです。例えば自動車メーカーのショールームを開発する時には、そのメーカーがどの様なブランド戦略を持っているかを理解しなければなりませんし、全く新しいリテールブランドをつくるプロジェクトであれば、そもそもどういったリテールブランドにしていくか、という事業戦略とブランディングが必要になります。ここでは、まったく新しいブランドをつくるブランディングについては触れません。あくまでも既にあるブランドの体験やフラッグシップスペースを作るための説明をしていきます。

僕たちのような外部のクリエイターは、まずはオリエンテーションと呼ばれる場に召集され、企業や商品のことを詳しく学び、知ることから始まります。短期間で10〜20年以上在籍している社員と同じレベルまで会社の知識を高めていかなければなりません。会社の経営計画を読んだり、歴代の社長の著書を読んだり、工場見学に行ったり、売り場を見て回ったり、マーケティングや生産の現場に話を聞いて回ったりします。もちろんクライアントの商品は可能な限り日常生活で利用し、一ファンになることが大切です。様々な商品デザインや広告表現も含めて、ブランドとしてどういったトーンを目指しているかをまず理解しておく必要があります。

このフェーズは、僕たちの様な社外の人間が、対象の企業を知るためにあるプロセスですが、プロジェクトの参加者が社員を含めて複数になる場合は、このフェーズから全関係者を参加させるべきです。特にリブランディングの場合によくあるケースですが、10年、20年と会社にいると、そもそも自分の会社がどういうブランドで、どんな価値を世の中に提供しているか、ということでさえ、社員によって捉え方がバラバラになっていることが多いのです。この時点で、プロジェクトに関わる社員の意識や認識にズレがあると、進行していくなかで、モノゴトを判断していくための判断基準がずれていくことになり、プロジェクトがうまく進行しません。ゆえに、このフェーズにおいて、参加者全員が認識や意識を共有しておくことは非常に重要です。

仮に扱う対象が商品だった場合（企業の場合も成立しますが）、その商品が提供する機能価値、情緒価値をマネージャーと（企業の場合は経営陣と）共有していくことが必要です。もし機能価値、情緒価値を明確にマネージャーが説明できない場合、そのプロジェクトは最初から破綻しています。その場合はまず、このプロセスの前段階であるブランディングからスタートするべきです。

2：コンセプトフェーズ

このフェーズでは、対象の商品を体験することを、どのような体験に置き換えることができればブランドにとって良い結果をもたらすか、を規定していきます。これらの体験のモチーフはあまり複雑にせず、なるべくわかりやすいイメージで規定していくことが大事です。世の中にすでに存在するブランドの体験に近づけていくやりかたでもかまわないでしょう。ゼロから全てをつくり上げることが重要なのではありません。ブランドにとってよい結果となれば、それが既に社会に存在していようとも構わないのです。

この体験価値ができれば、この体験価値を中心として、空間を作る上で重要な、「人」「モノ」「空間」の3つの要素を規定し、コンセプトフェーズを終えます。

体験価値をつくる

体験価値は店舗や空間を開発するプロセスにおいて、本質的なコンセプトに近いものになります。どういった体験を顧客に提供する場所かわかりやすく示す言葉であることが望ましいでしょう。

スターバックスの店舗コンセプトでもある、「ザ・サードプレイス」は、職場や学校でも、家でもない、その中間にある第三の場所になっていく、というビジョンを表していますし、ドン・キホーテは、「ジャングルで宝物を探す」という体験が目指す店舗コンセプトそのものになっています。

3つの要素をビジュアライズする

先にも述べたように、空間開発において目に見えるデザインは重要ですが、それが全てではありません。デザインが占める役割は、全体の3割〜4割程度です。大切なポイントは、顧客にどのような体験を提供するかであり、その時に店舗の業態はどうあるべきか、スタッフのオペレーションはどうするべきか、空間のデザインはどうなっているか、という順番で考えていきます。

人、モノ、空間。この3つの要素は、一つずつを切り離して決定することは望ましくありません。先に決めた顧客へ提供する体験価値を具体的にしていく部分なので、全てが体験価値とブランドイメージに基づいて開発されることが重要です。

まず「モノ＝商品の扱い方」について。商品をどのように扱うか、どのように提供するかで、商品の魅力度も変わってきます。ホテルやエアラインなど目に見えないサービスを扱うブランドでは出てこない対象ですが、メーカーの店舗開発では必ず出てくる対象です。

続いて「人＝オペレーション」について。どのような人が、どのような動きで店内をコントロールするか、という人のトーン＆マナーから、店内をどのようなオペレーションで構築するか、という業態やゾーニングに関わる部分もここにあたります。

そして「空間＝空間デザイン」について。どのような空間デザイン・トーンで空間をまとめていくと、最もその体験、ブランドを象徴したデザインになるか。ブランドを象徴するデザインになっていることにとどまらず、体験を象徴したデザインになっていることが重要です。

これら3つの要素を、有機的な関係性の中で決定していきます。どこかから始まり、一方通行で3つの要素を規定するのではありません。基点は体験価値であり、それを象徴する「人」「モノ」「空間」になっていて、それら3つはバランスや関係性を見ながら調整していきます。そうすれば、体験価値を中心とした、3つの丸が完成します。

3：プロトタイプフェーズ

体験シナリオを構築し、仮想空間におけるデザインをパッケージ化する

このフェーズでは、これから実際につくる店舗や空間を開発する前に、適切な規模で架空の敷地や形状を設定し、プロトタイプをつくっていきます。ここでは、特定の物件を想

定していないので、空間開発における完成の理想型を当て込んでいきます。この空間は、先に規定した「人＝オペレーション」や、「モノ＝商品の扱い方」、「空間＝空間デザイン」がすべて反映されたものになります。このフェーズにおける最終アウトプットは、理想的な店舗デザインであって、これらのパースや模型によるデザインの検証を行い、プロトタイプの精度を高めていきます。

プロトタイプを作成するにあたり、先に規定した、空間開発の3つ要素を、空間において具体化していかなければなりません。そのために、顧客の空間体験を時系列でシナリオ化し、見えてくるシーン毎に3つの要素を規定していきます。シナリオを描き、シーン毎に顧客のブランド体験をつくり込むことによって、体験全体をより質の高い体験にしていきます。またシナリオを描くことで、デザインするべき対象物を抽出することができます。このシナリオ化は非常に大切な手法ですので、詳しく解説します。

例として、体験デザインがサービスの大半を占めるエアラインの体験シナリオで解説したいと思います。

デザインの対象物を、機体の外装、インテリア、空港内のラウンジ、チェックインカウンター、予約ウェブなど、思いつくままに羅列していくこともできますが、顧客の体験動線に従ってブランド体験をシナリオ化していくことで、デザインを施すべき対象物を発見し、そのシーン毎にオペレーションなども規定していくことができます。

エアラインの場合、最近はウェブサイトから予約をすることが多いので、そのファーストコンタクトとなるウェブサイトのデザイン性やユーザーエクスペリエンスも重要です。ウェブから電話番号を見つけてお客様センターに電話をする顧客もいるかもしれません。そのとき、お客様センターのスタッフの声のトーンや、最初に何を言うか、保留の音楽もブランド体験のデザイン対象要素です。

続いてEチケットの発券です。必要事項が記載されているだけですが、それでも書面のデザインは大切ですし、携帯のQRコードの画面のデザインも大切です。親切丁寧なブランドであれば、搭乗日前日にはリマインドメールを送る必要があります。

搭乗日当日。顧客は空港に到着してチェックインカウンターに向かいます。チェックインカウンターの色は何色か、グランドスタッフの衣装のデザインはブランドのトーンに従っているか、スタッフの髪や爪の色は清潔に保たれているか、ふさわしいみだしなみになっているか、顧客への最初の挨拶にはどんな言葉がふさわしいかなど、視覚的に表現されるデザインだけでは済まされない様々な要素が絡んできます。

その後、顧客は手荷物検査場を通過し、待ち合いラウンジへと向かっていきます。ラウンジにチェックインするためのカウンターを抜けて最初に見えてくる風景はどんな空間であることが望ましいでしょうか。そしてラウンジ空間にはどのような機能が必要でしょうか。

ソファが並ぶ広いラウンジ空間／軽食用のハイカウンターの空間／椅子とテーブルが並ぶ談話室の空間／仮眠がとれるラウンジチェアがある空間／プライバシーを守りつつ簡単な作業ができるパテーションつきのワークデスク空間／シャワールームなど、実に様々な機能別ゾーンが必要です。

それら空間が纏うデザインはその航空会社が顧客に提供したい体験価値を象徴しているものであり、全てに渡ってブランドのトーン＆マナーが基調となっているものでなければなりません。

空間を構成するベースのカラーは何色か、床はカーペットか石タイルか、ソファの柔らかさや素材はどうか、グラスや食器類はどんなデザインか、流れているＢＧＭはどのような音楽か、全てがブランド体験を形づくる大切な要素です。細部が集まることによって、最終的にそのブランドが醸し出す雰囲気をつくり出すことになります。

続いて顧客は搭乗へと移動していきます。顧客は搭乗ゲートの前まで来て、今日自分が乗る飛行機を初めて目にします。機体のデザインがどうであるかはもちろん重要ですが、ピカピカに磨かれた機体や、テキパキと働く整備員の動き、彼らが着ている作業服も印象を左右します。

搭乗ゲートを通過して飛行機の入り口に近づくと、整備スタッフが顧客のお出迎えをするエアラインもあります。そして入り口ではＣＡに出迎えられます。このときのＣＡの服装はどのようなデザインか、髪や爪の色、立ち居振る舞い、物腰など全てが顧客に与える印象を左右するでしょう。

機体に搭乗した時、最初に感じる香りはどうか、床のカーペットの色は何色か、どのようなＢＧＭが流れているか、空間全体の照明の明るさはどうか、清掃が隅々まで行き渡っているか、シートの生地は何色か、シートの形状はどうなっているか、読書灯の光の色温度はどうか、前の座席のポケットには何が入っているか、ヘッドホンの形状はどうか、エアラインの雑誌はどのようなデザインか、内容は何か、席に着くだけでもこれだけの体験デザイン要素があります。

離陸前には、非常時のアナウンス映像が流れますが、この映像もエアラインによって表現のされかたが違います。教習所の講習VTRのような、説明をするためだけの映像を流しているエアラインもあれば、ブランドのトーンでエンターテイメント要素を盛り込んだ映像を流しているエアラインもあります。

離陸後は、機内サービスに入ります。メニューの構成はどうなっているか、メニューのデザインはどうか。コーヒーを提供される紙コップのデザインはどうか、最初にだされるおつまみは何かなどもデザイン要素です。

機長の機内アナウンスは乗客に安心と信頼感を与える重要なものです。話すペースやトーンもある程度、規定しておいた方が良いでしょう。機内のトイレのデザインや清掃のレベル、トイレの中に何を備えておくかも大切です。トイレ内照明の点灯の瞬間やドアの開き方も体験要素にはいります。ANAが導入したB787にはウオシュレットが導入されていたり、トイレ空間に窓を設ける等、体験デザインの対象が細部にまでいき渡っています。

国際線であれば、シートに備え付けの枕やブランケットのデザイン・質感も大切です。柔らかさや生地、大きさ等がブランドの性格を物語ります。着陸に向け、着陸前からBGMを流し、緊張の瞬間にリラックスした空気感を作り出すエアラインもあれば、着陸してからBGMを流すエアラインもあります。離陸前と着陸時で選曲を変えているエアラインもあります。着陸後、お客様を送り出すCAの挨拶や振る舞いなども当然、重要です。

このように顧客の目線で体験を時系列で追い、シナリオを構築していくことで、何をデザインするべきか、対象物が見えてくることがおわかりいただけたと思います。また、顧客の体験シナリオに従って、空間に必要な機能やゾーニングも明解になってきます。ここでのシナリオをプロトタイプ空間に落とし込んでいくことで、空間に必要な機能とゾーニングの優先順位が決定され、空間の基本プランを作成することができます。

また対象となるデザインは、グラフィック、音楽、機体、紙媒体、物体などと多岐に渡るため、実際に手を動かしてデザインを担当するデザイナーはそれぞれ異なるデザイナーが手がけることになるでしょう。しかし、矛盾のない体験をつくる上で、一人のクリエイティブディレクターが全てを統括し、各デザイナーをディレクションする必要があると言えます。

具体的なデザインを始める

これまで説明してきた体験価値の設定、空間を構成する3つの要素の規定、体験のシナリオ化は、デザイナーでなくても描けるものです。具体的なデザイン作業を伴わずとも、ウェブ上にある様々なイメージ画像や、空間のデザイン画像を集めることで、デザイナーとデザインのイメージを共有することができます。シナリオ上の各シーンにどんなデザインを施していくことがブランドとしてふさわしいか、そのトーン&マナーを理解し、イメージを正しくデザイナーに伝えることができれば、その後のデザイナーとの共同作業も、的確にディレクションをしていくことができます。ここまでの要素を確実に踏んでおけば、プロトタイプのデザインを進行していくうえで、デザインが大きくブレていくことはありません。

プロトタイプ店舗をデザインしていく上で、社外のデザイナーを立てることになると思いますが、ここまでのイメージを確実に可視化してもらうことが重要です。仮に著名デザイナーを採用する場合は、ここまでのプロセスを経て初めて誰に依頼するか決定するべきでしょう。様々な要素が決定していない段階で、名前だけでデザイナーを選んでしまうのは危険です。

このプロトタイプフェーズでは、理想的な店舗空間デザインを規定して、最後にはパースや模型でプロトタイプ店舗を可視化するわけですが、その際に具体的な予算も設定して、実際に使用する仕上げ材等も選定しておくべきでしょう。また、スタッフの衣装や店内ツール等もここでデザインが終わっている状態になります。つまり、ここでつくられたデザインと、これまでのプロセスをまとめることで、簡易な店舗・空間デザインマニュアルができ上がっているイメージです。体験デザインを利用した空間開発は、ここで一旦完成することになります。

4：実施フェーズ

実際の条件に合わせて、プロトタイプの具体化を行う

このフェーズは、実現のフェーズです。プロトタイプフェーズまでで決定した内容やデザインを、実際に空間・店舗を出店するテナントの建築形状に合わせてはめ込み、実現し

ていきます。形状や法律によって、プロトタイプで決定した内容の実現が難しい場合があると思いますが、極力理想型に近づけるべきです。

5：マネジメントフェーズ

ブランドを維持するためにマネジメントする

店舗がオープンすれば、後は日々の運営をしていき、2店舗、3店舗の出店を加速していくことになります。しかし、当然ですが時間の経過や、規模が大きくなるにつれて、最初に規定した要素がないがしろにされていくケースが増えていきます。そこで、空間・店舗のブランドが維持されるように、様々なマネジメントツールを利用して、ブランドの維持と向上に努める必要があるでしょう。

①ブランドマニュアル

企業規模が大きくなれば、自社の店舗展開を販売代理店に依頼するケースがでてきたり、社員を一同に介してブランドのあり方に関して話をする機会は減っていきます。その場合、店舗や空間の開発に独自性が生まれ始め、店舗ブランドとしての統一性が失われていきます。それを防ぐために、ブランド・店舗マニュアルを作成し、ルールが正しく運営されているかを取り締まるためのツールが必要になります。

しかし、長年ブランディングの仕事に携わっていて実感していることがあります。それは、ローカライゼーションの難しさです。マニュアルによって店舗のオペレーションやデザインに対して縛りを持たせることは重要なのですが、金太郎飴式の店舗をつくっていくと、店舗が地域に根ざしたものとして育っていきません。よって、ローカライゼーションに対応できる、余白の部分はマニュアルを運用する際も残しておく必要があるでしょう。

②社員の意識改革

現場で働く社員にとって、ブランディングやリブランディングはたいてい唐突なものです。ブランディングのプロジェクトに関わってきた人間と、現場の社員の意識には明らかな温度差が生まれます。しかし現場の社員がブランディングの意図を理解、共感し、実践するモチベーションが育たなければ、ブランディングは単なる絵に描いた餅にすぎません。こうならないためにも、社員を新たなブランドの一員としてしっかりと教育していくことが必要です。

現場で働く社員にとって、新たなブランドは、新たな心構えになります。オペレーションマニュアルで店舗での行動を規定する部分は必要ですが、実際に顧客に接する社員の自主性を重んじ、心構えの伝達のみでとどめておく、ということもありえます。オペレーションに従って淡々と作業する社員には、顧客との関係を築くことができません。スターバックスのスタッフのように、規定されたオペレーションの管理下でも、人として魅力的な動きをしてくれる方が、顧客との関係性を築くことができます。

③持続的な、人材に対する取り組み

②の内容と被る話ですが、ブランドを育て、運営していくための要は、「人」です。ハ

ードは、つくってしまえば終わりです。しかし、そのハードを運営していくのは人です。その「人」の心を高いレベルで維持していくための施策を取らなければ、ブランドは生まれた瞬間に衰退が始まります。

リブランディングを人に当てはめると、自己啓発のようなものです。新しい企業ビジョンやブランド戦略を理解して、やる気満々になったスタッフでさえ、そのモチベーションを長く維持することは難しいものです。自己啓発本を読んで即、早起きをしたり、ジムに通い始めた人のうち、3カ月後、その行動を継続している人は3割も満たないでしょう。残念ながら、人間はすぐにもとの習慣に戻ってしまうのです。モチベーションを継続するための努力をするのは当然社員の務めではありますが、社員のやる気が継続するように絶えず工夫をしたり、サポートをしていくのは経営の役割です。

僕が店舗ブランディングを担当させていただいた通信会社では当時、年に1回ミステリーショッパーを実施して、店舗の継続的な運用レベルの維持に努めていました。ミステリーショッパーとは、来店者に扮した覆面調査員を店舗に送り込み、その店舗の実際の運用レベルをチェックする手法です。事前通告を行わないので、店舗は通常通りのオペレーションで対応することになります。

覆面調査員は、店の作り方、接客対応、店内のクリーニング状況、オペレーションの状況など複数項目に及ぶチェックシートをもとに、店舗の状況を評価します。それらのシートは本部に回収され、評価シートとして店長にフィードバックします。定期的なミステリーショッパーの導入で各店舗が抱える課題点が見えてきます。この課題を店舗社員で共有し、改善を図っていきます。ミステリーショッパーを続けた結果、各店舗のサービスレベルは向上し、顧客満足度を評価する第三者機関から報告された評価も、前年度を上回る結果となりました。

ブランドを維持する、成長させる選択肢の一つとして、こういったカンフル材を投入し、現場の社員の意識を高いレベルで保ち続けるのも、有効な方法だと思います。

第5章　体験デザインの実践

――「一番搾りフローズンガーデン」

ここまで様々な企業の事例を見てきましたが、僕が担当させていただいた業務の中で、体験デザインの比重が大きかった業務を一つ紹介したいと思います。

この業務のクライアントはキリンビールで、対象ブランドは一番搾りフローズン〈生〉でした。僕はこの業務において、一番搾りフローズン〈生〉の商品ブランディングから、コンセプトストア「一番搾りフローズンガーデン」の開発まで担当させていただきました。プロジェクトがスタートした時期は2011年の秋です。そしてコンセプトストアは2012年5月から、全国6都市（東京、大阪、名古屋、仙台、広島、福岡）で約4カ月営業し、期間中37万人を動員しました。読者の方の中で、行かれた方もいらっしゃるのではないでしょうか。このプロジェクトは2013年、2014年も同様の規模で開催されました。

このプロジェクトの初年度にあたる、一番搾りフローズン〈生〉開発からローンチまでの話を見ていきましょう。

キリンビールという会社のイメージを「保守的」と感じられる方もいらっしゃると思いますが、そもそもキリンビールという会社の技術者は、イノベーティブなことに挑戦する気質があります。国内ビールシェア2位のブランド「一番搾り」は、その象徴的な例と言えます。

ビールの製造工程は、まず麦芽を煮込んでできた麦汁にホップを入れて香りを付け、その液体に酵母を入れて発酵させます。この発酵過程で酵母は液体に含まれた糖分をアルコールと炭酸ガスに分解し、若ビールができます。この若ビールを約1カ月熟成した後、濾過し、酵母を取り除いたものがビールになります。ビールのアルコールや炭酸ガスは加えられたものではなく、酵母によって生み出されたものです。つまりビールは、100%自然素材でできた飲み物なのです。

「一番搾り」は、ビール製造の初期段階にある麦汁をつくる過程において、海外のビール学校の教材でも取り上げられる、〝クレイジー〟なつくり方を実践しています。ビールのもととなる麦汁とは、麦芽を煮込んだ液体ですが、煮込んだ液体をそのまま濾過したものが「一番搾り麦汁」で、一度煮込まれた麦芽にもう一度お湯を足して濾過したものが「二番搾り麦汁」となります。お茶で言えば、急須にお茶葉を入れてお湯を足し、最初に入れたお茶が「一番搾り麦汁」にあたり、さらにお湯を足して入れたお茶が「二番搾り麦汁」、言わば出がらしのお茶ということになります。通常のビールは、この「一番搾り麦汁」と、「二番搾り麦汁」を混ぜて商品のベースとなる麦汁をつくるのですが、「一番搾り」は、その商品の名前の通り、「一番搾り麦汁」しか使っていません。ドイツを含め、ビールづくりの長い歴史がある国を含めても、一番搾り麦汁だけでビールをつくっているブランドは、世界に「一番搾り」しかありません。理由は単純です。コストがかかり過ぎるからです。しかしキリンビールの技術者は、この製法で商品をつくってしまいました。単純に〝モノづくり魂〟が先行した結果です。1990年という日本全体がバブル期、イケイケの時代だったという背景もあったと思います。今なら、こんな原価を度外視した製法は許されなかったかもしれません。
まず「一番搾り」という商品は、この様なDNAを持った商品だということをご理解ください。「一番搾り」はキリンビールの主力商品ですが、脈々と受け継がれた伝統的なブランドではなく、挑戦することで生まれた、同社のイノベーションマインドの結晶のビールなのです。そしてこのキリンビールの商品開発マインドから生まれたのが、「一番搾りフローズン〈生〉」です。

この商品は、ビールを凍らせたら美味しいのか？　という純粋な探求心からできた商品ですが、この商品が担った役割は非常に大きいものでした。

ご存知の通り、近年、若者世代のビール離れが進行しています。もちろんビール好きの若者も多数存在しますが、お酒を飲む場で、ビールを選ばない若者が増えていることは、大きな流れであり事実です。これは、昭和の日本企業の縦社会が培った「飲みニケーション」の文化が減ってきたことや、ビール以外の選択肢が増えてきたことが要因であり、若者にとってのビールは様々な選択肢の中に埋もれてしまっています。ひょっとすると、「個性」や「自分らしさ」を尊重し、「肩肘張らない」生き方をしている若者にとって「とりあえずビール」というオーダースタイルは無個性に見えているのかもしれません。一方でハイボールの様な、アルコールの濃さを自分好みで調整できたり、様々な飲み方に対応できたり、仲間と家飲みをする時に便利に使えるアルコール飲料は重宝されます。ハイボールと言えば若者も飲んでいるイメージがありますが、もとはと言えば大人の男がたしなむうんちく文脈のウィスキーを使っています。しかし、ハイボールという飲み方、楽しみ方の啓蒙で、ウィスキーを若者が飲むようになりました。これは、オヤジ臭い拘りコーヒー文脈の世界にカジュアルなスタイルを生んだ、スターバックスの文脈とも似ています。一番搾りフローズン〈生〉も、この様な新しい楽しみ方を世の中に発信していくことで、若者世代のビールへの取り込みを狙っていました。何より、一番搾りフローズン〈生〉は、新しいビールの〝楽しみかた〟をつくることが求められたのです。

そこで、この商品のクリエイティブディレクターとして選ばれたのが、広告のクリエイティブディレクターではなく、リアルな場や体験のクリエイティブを得意とする僕でした。僕はクライアントから、このビールの体験価値と、若者で溢れるビアガーデンを一緒につくって欲しいという依頼を受けました。

ゴールの共有とブランディング

まず、一番搾りフローズン〈生〉ローンチプロジェクトにおいて、キリンビールが志したことは次の通りです。

「新しい美味しさ」「新しいベネフィット」を持つ、一番搾りフローズン〈生〉を通じて、生ビールの新価値提案を行い、新たなカテゴリーを創造する。そして、ビールの魅力や楽しさを伝えることで、若年層におけるビールの価値を高める。

一番搾りフローズン〈生〉という商品は、以下の3つのUSPで構成されています。

①「〝シャリ泡〟という従来のビールにはない新しい食感」

②「泡にツノが立つ、新しい外観」

③「－5℃の泡のふたで、冷たさ30分キープ」

続いて、設定されたターゲットです。

20代後半～30代前半の男性（女性）で、都会的ライフスタイルを送る人

具体的なターゲットのイメージ

■28歳男子。同姓に好かれる、優しくて好奇心旺盛な人。
■情報感度が高く、流行モノの取り込み方やその発信力にも長けている。
■自分の仕事が好きであり、誇りを持っている。（クリエイター、建築士など）
■都心に住みながら、開放的なゆったりとしたライフスタイルを送っている。
■カジュアルで気取らない。オシャレな短パン、サンダルで街を歩く。
■男子ご飯の世界観。自分の家に友人を呼んで料理を振舞う。

明るくオシャレで、自分の好きなモノに囲まれたライフスタイル。カジュアルで気取らない、開放的な空間を好むという若者像です。ウィークデイは仕事をしっかりこなしますが、週末は目黒川周辺のカフェでのんびり過ごしたりします。サーフィンが好きですが、都会生活が好きなことと、仕事優先の価値観を持つため、湘南には住みません。しかし、都会でありながら時間の流れがゆるやかな中目黒に住んでいる。お酒は外で飲むよりも、仲間と家飲みをします。その際は、ハイボールを飲んでいる。

という具合です。

このターゲットのイメージは、クライアントと僕たちでつくり込んでいったのですが、ターゲットのイメージを具体的にして行く際に、その世界観を表すビジュアルシートを作成し、イメージを共有していきました。

こういったターゲットに対して、どの様なアプローチで商品をブランディングしていけば良いでしょうか。おそらくそのアプローチは、クリエイティブディレクターによって異なりますが、ここでは僕がとったアプローチを紹介します。このプロジェクトで重要なことは、明確にセグメントされたターゲットに対して、いかにアプローチするかです。40代のビール好きに対するアプローチとは異なります。

まずはターゲットの分析から始めます。

ターゲットは、ジェネレーションY（以下Y世代）と言われる、1975年以降生まれのポストバブル世代にあたります。Y世代は、個性や自分らしさを尊重し、既成概念に捉われない一方で価値観は保守的です。いわゆる「等身大の自分」を大切にしている世代です。青年時代からポケベルやPHS、携帯電話が普及しており、コミュニケーションツールの活用や情報収集能力に長けており、団塊ジュニア以前の世代とは大きく異なる特徴を持っています。Y世代は、企業から発信される一方的な広告コミュニケーションに対する情報の信頼性は低く捉える一方で、仲間内で話題になっているモノやコトに対しては積極的な情報収集や体験行動をとります。Y世代にとって重要なことは、テレビで流行っていることではなく、仲間内で流行っていることです。ゆえに、いかに「若者世代のお気に入りのアイテムになるか」が重要になります。そのバロメーターとして、彼らが利用するSNSに頻繁に登場する商品に、一番搾りフローズン〈生〉を仕立てていく必要がありました。

ロゴデザインとキービジュアルのアプローチ

ロゴデザインを開発するにあたり、この商品をどのように捉えるか、が大切になってきます。前述したY世代は、このビールをどのように楽しんでくれるのでしょうか。

一番搾りフローズン〈生〉が持つ3つのUSPを分析します。「〝シャリ泡〟という、従来のビールにはない新しい食感」これは、味覚です。飲んで初めて、その価値がわかります。このUSPをコミュニケーションで訴求すると、ターゲットは、「その食感を試してみたい」という欲求を持つことになります。続いて、「冷たさ30分キープ」これは、機能です。夏場にビールを飲む時、すぐにビールはぬるくなってしまうので、冷たさをキープできる機能は、ビール好きには非常にありがたい特長です。一方でこの機能に感動するのは、既存のビールファンですから、新たに取り込もうとしている普段ビールを飲まない若者には刺さらないかもしれません。最後に、「〝泡にツノが立つ〟新しい外観」です。一番搾りフローズン〈生〉は、ソフトクリームのような外観を持っています。一見するとビールフロートのように見える外観は、言葉を添えなくてもビジュアルだけでアイキャッチ力を持つものです。既存のビールファンからすると、そのビールは美味いのか、コクがあるのかなど、味が気になるかもしれませんが、ビールを飲まない若者にとっては、今まで見たことがない、面白そうなビールに見えるでしょう。次いで、そこに乗っかっているソフトクリームの様な泡の食感も、気になるはずです。

Y世代の行動特性を考えると、どうやら「〝泡にツノが立つ〟新しい外観」をうまく利用することで興味を引くことができそうな気がします。なぜなら、彼らのタイムラインがどのように構成されるかイメージした時に、「この泡でビールが30分冷たいままだよ！」よりも、「この泡シャリシャリするよ！」よりも、「一番搾りフローズン〈生〉自体を撮影した写真」や、「一番搾りフローズン〈生〉と自分が一緒に写った写真」をタイムラインに流し、「フローズンビールなう。」と言っているイメージが想像できるからです。

つまりこのビールは、Y世代にとって、「撮って楽しい、飲んで驚くビール。」というポジションに育てることができるのではないか、というのが仮説でした。ビールの楽しみ方に、「撮る」という新しい価値を付け加える。これが一番搾りフローズン〈生〉が持った従来のビールにはない価値です。ここから、Y世代に対する商品価値創造のベクトルは、「フォトジェニックビールを作る。」と設定しました。

「フォトジェニックビール」をつくるにあたり、ロゴデザインで重要なことは、「シャリ泡」がビジュアライズされていることです。

従来のビールのロゴは、男っぽく力強い、押しの強いデザインイメージですが、この従来のデザイン文脈だと、若者にとって自分たちのビールだという意識が芽生えないかもしれません。女性も取り込みたいというゴールからするとなおさらです。そこでロゴデザインのトーンは、シンプルで可愛らしいイメージが適しています。例えばロゴが入ったグラスが若者の家のキッチンに置かれていても、意図されて置かれたインテリアグッズに見えるようなさりげないロゴデザインです。そんなアプローチでロゴのトーンを絞っていきました。こうして、オーバルの中に泡だけちょこんと目立つ、モノトーンでシンプルなロゴが完成しました。

一番搾り
フローズン〈生〉
KIRIN
Kirin Ichiban Shibori "Frozen" Draft
-5℃に凍った、
フローズンの泡
一番搾り
フローズン〈生〉

同様の考え方でキービジュアルや料飲店ツールの開発も行っていきます。このビジュアルやツールは、一般料飲店で使われるものです。一般料飲店におけるビールブランドのビジュアルといえば、水着を着たキャンペーンガールが、ジョッキを片手に笑顔をつくっているイメージのものが多いと思います。一番搾りフローズン〈生〉のビジュアル開発は、ロゴ開発同様、プロダクトデザインのビジュアルの様なアプローチをとりました。具体的には、ビールの外観、商品のフォルムを際立たせる、商品主体のキービジュアルです。ビジュアルの中心には大きく商品が入り、商品の背景には金色の雪の結晶が敷き詰められています。「泡がシャリッと、つめたい〈生〉」というコピーは入っていますが、あくまでもフローズン部分の形状を補完する言葉で、コクとか後味の様な、従来のビールのシズルワードは入っていません。ビジュアルは全体的に性別を排除し、中性的な存在感をつくっています。

店内のテーブルに置くテーブルテント（POP）も同じアプローチでつくりました（右ページ写真）。泡のフォルムを強調して訴求するために、三角形のテーブルテントにビジュアルを印刷したものではなく、テーブルテント自体に泡の形状を持たせ、そこにキービジュアルを印刷し、ＵＳＰを記載しています。泡の形状のテーブルテントは底面も曲線で仕上げ、テーブルの振動と共にゆらゆらと揺れる形状になっています。

ここまでが、ブランディングとツールデザインのフェーズです。商品のブランドデザインを試行錯誤しているうちに、これ以降のコミュニケーションのフェーズにおいても、商品を見せるうえで大切にしていくべき事柄が固まっていきました。

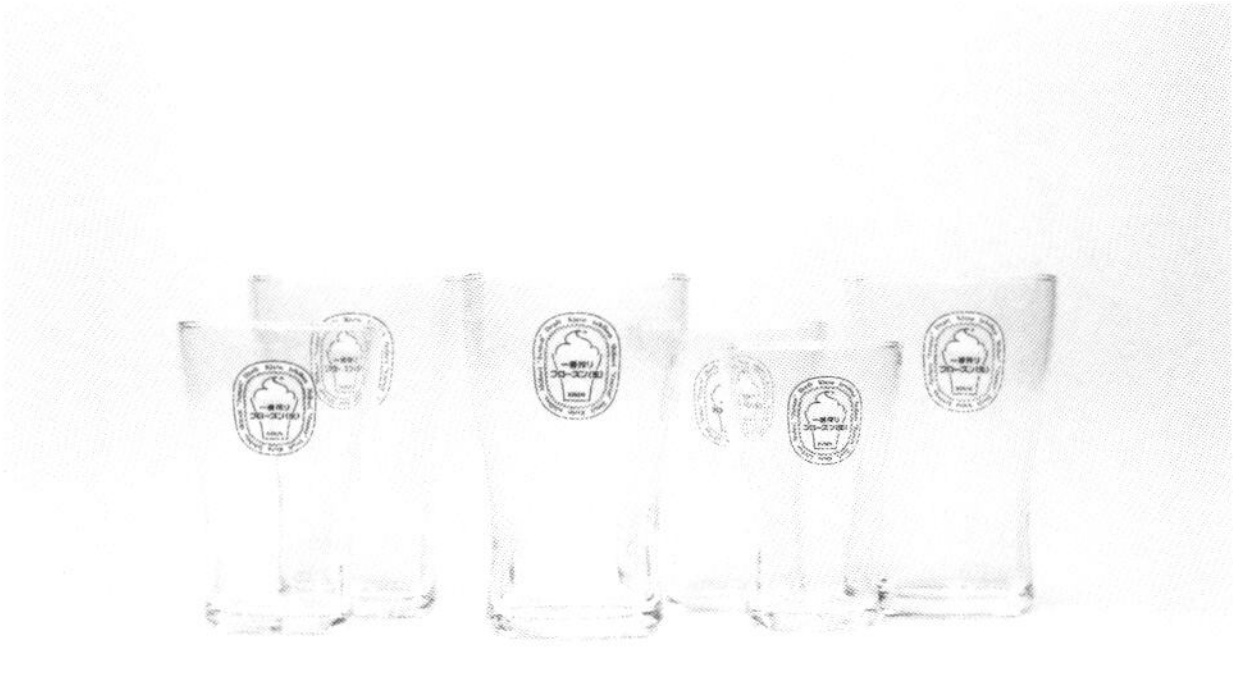

おいしさを笑顔に
KIRIN
泡がシャリッと、つめたい〈生〉。
一番搾り
フローズン〈生〉
KIRIN
生ビールの新体験！
一番搾り
フローズン〈生〉
ストップ！未成年者飲酒・飲酒運転。お酒は楽しく適量で。妊娠中・授乳期の飲酒はやめましょう。キリンビール株式会社

おいしさを笑顔に
KIRIN
泡がシャリッと、つめたい〈生〉。
生ビールの新体験！
一番搾り
フローズン〈生〉
円
ストップ！未成年者飲酒・飲酒運転。お酒は楽しく適量で。妊娠中・授乳期の飲酒はやめましょう。キリンビール株式会社

一番搾りフローズン〈生〉は、専用のフローズン生成機で、ビールの上に泡を乗せてつくるため、家や、専用サーバーのない店舗で飲むことはできません。よって、CMでこの商品を訴求しても、そもそもすぐには飲めないのです。よってこの商品を顧客に伝えていくために重要とされたタッチポイントは、体験型ポップアップストア「一番搾りフローズンガーデン」です。ここには、若者が集まり、男女共に一番搾りフローズン〈生〉を飲みながら仲間同士で盛り上がっていて、その様子が彼らのSNSを介して世の中にシェアされ、ビールのある幸せな世界が広がっていく、そんな場所を目指しました。（最終的には、一番搾りフローズンガーデンに来場しなくてもフローズンが楽しめる施策として、小型の専用サーバー「おうちでフローズン〈生〉サーバー」を開発し、一番搾り缶96缶購入で必ず貰えるキャンペーンが実施されました。）

この店舗で目指したのは、単なる試飲会場ではなく、これまでになかった「ビール体験の創造」です。単なる一番搾りフローズン〈生〉の体験であれば、駅前のイベントスペースにイベントブースを出店し、行き交う人に試飲を促せばよいのですが、それではただの「モノ体験」で終わってしまいます。一番搾りフローズン〈生〉で実現すべきは、新しいビール体験の創造であり、そのためにこの店舗はどうあるべきか、そこから店舗開発はスタートしました。

一番搾りフローズン〈生〉が目指した新しいビール文脈の創造とは、スターバックスがコーヒーでつくった新しい文脈、スタイルのような概念です。提供するものが、これまでと同じでも、飲み方や体験の方法がこれまでと違うことで、従来とは異なる価値が生まれます。このパラダイムシフトとも言える変化を目指したのです。幸運にも、一番搾りフローズン〈生〉で目指したスタイルは、男っぽく拘りが強いコーヒー文脈を、女性や若者を主体としたカジュアルでスタイリッシュな文脈にしていった、スターバックスの例に非常に近いため、スターバックスの手法をベンチマークにプロジェクトを進行していきました。

Kirin Ichiban Shibori "Frozen" Draft
一番搾り
フローズン〈生〉
KIRIN
一番搾り
FROZEN
GARDEN

GARDEN

新しいビール体験を伴うY世代向けビアガーデンを開発するにあたり、まずは従来型のビアガーデンはどの様なスタイルか、見ていきたいと思います。

例えば3人でビアガーデンに飲みに行ったとします。お店に入店し、スタッフに「3人です」と言って、席に通されます。続いてスタッフを呼び、「ビールを3つください」と注文し、ジョッキに入ったビールが出てきます。料理や追加注文をする時は、再度スタッフを呼び追加のオーダーをします。退店時には「お会計をお願いします」と再度スタッフを呼んで会計をし、店を出て行きます。

このようなオペレーションはビアガーデンに限ったものではないですが、一般的な飲食店では、お客様はスタッフのオペレーション管理下に置かれます。「スタッフがお客様のもとに行き、用件を伺う」というスタイルは、サービス業では当たり前のことかもしれませんが、それは本当にお客様が求めるサービスで、顧客満足に直結することなのかは、お客様の捉え方によるのではないでしょうか。

例えば、スターバックスのオペレーションでは、先にコーヒーやフードの会計を済ませ、その後は、どこの席に座るかも、いつ店を出るかも自由です。こうしたセルフオペレーションは、単にスタッフの人件費を抑えるためだけではなく、お客様が「気軽な状態」でいられることを目的としたホスピタリティの現れとも言えます。

フルサービスはホスピタリティを向上することになる、という考え方は企業側の思い込みであり、お客様が求めていることとずれている場合もあります。


一番搾りフローズン〈生〉は、従来のビアガーデンの様な体験とは異なる世界を目指します。このビールは、仲間と楽しい時間や幸せをシェアするためにあり、その日一日仕事を頑張った自分へのご褒美ビールの文脈ではありません。もっと気軽で、もっと自由で、もっと楽しいビールです。

一番搾りフローズンガーデンは、一番搾りフローズン〈生〉を片手に仲間と集まり楽しむ、気軽で自由な場所。

そんな場所のあり方と体験の仕組みが、この商品とこのターゲットにはあてはまります。このアプローチから、一番搾りフローズンガーデンは、スターバックスコーヒーのような、先に会計をして、あとはどこに座るのも自由、いつ店を出るのも自由なビアガーデンへと向かっていきました。

人、モノ、空間の定義プロセス

ここで、一番搾りフローズンガーデンの、「人＝オペレーション」「モノ＝商品の扱い方」「空間＝空間デザイン」の方向性を定義していきたいと思います。ここでは言葉で完結に定義しますが、実際にはビジュアルコラージュを用いてプロジェクトメンバーでイメージの共有をしていきます。

人＝オペレーション

ここは、ビールのテイクアウトもできるセルフ式オペレーションの店舗です。店内に入って先にお会計を済ませて商品を受け取った後はどこに座るのも、いつ出ていくのも自由な店舗です。いわゆるキャッシュオンデリバリー方式です。スタッフは若く、明るく、大きな声で挨拶ができる元気なイメージです。男性スタッフも女性スタッフもいますが、比率としては女性スタッフの方が多いイメージです。衣装は明るく清潔な白と、一番搾りのブランドカラーを使用したデザインがよいでしょう。

モノ＝商品の扱い方

一番搾りフローズン〈生〉を始めとした商品は、先ほど設定したオペレーションに対応した扱われ方をします。仕事を頑張った後のご褒美ビール文脈なら、グラスに入ったビールをお皿に盛られた美味しい食事を前に飲むイメージかもしれませんが、ここは違います。ここでのビールは、そういった個人の満足の方向には向かわず、仲間との気軽で楽しい時間の方へ向かいます。キャッシュオンデリバリーのオペレーションで、どこに座るかも、いつ店を出るかも自由。お客様によっては、そのままテイクアウトして近くの公園に行く人もいるかもしれません。つまりこの店での商品は、こういったお客様の全ての行動パターンに対応した扱い方をしなければなりません。ゆえにビールはグラスではなく、専用のプラカップで提供します。トラベラーリッドの様なふたが付いていても良いかもしれません。食事のメニューもテイクアウトに対応したモノにする必要があります。テイクアウトに対応した紙皿の様なもので提供する必要があるでしょう。

空間=空間デザイン

ここは、先に設定したターゲットが集まるお店です。彼らは、休日に目黒川沿いのカフェで過ごしたりしています。一番搾りフローズンガーデンは、彼らにとって心地よい場所としてのデザインを持たなければなりません。通常、企業がこの様なポップアップストアを実施していく際には、その企業や対象商品のブランドカラーが空間内のデザインを支配し、巨大なビジュアルがこれ見よがしに掲出され、スタッフのユニフォームは展示会の様な派手で奇抜なデザインになる場合が多いと思います。こういったザ・プロモーション的な空間は、お客様がある意味イベント的な意識で、その場その瞬間だけ企業プロモーションに乗っかって楽しむ、という場合にはよいのですが、日常的にその場所が自分にとってのお気に入りの場所になることはありません。一番搾りフローズン〈生〉が目指す、新しい楽しみ方、体験の仕方を伴う新たなカテゴリー創造においは、瞬間的な商品プロモーション体験で終わらせることはできません。もっと彼らにとっての日常に近づく必要があるのです。そういった視点で空間デザインのアプローチを考えると、彼らがリラックスして過ごすことができる、目黒川添いのカフェの様な空間デザインを目指すことになります。当然カフェ空間のデザイントーンは様々ですが、特に近年のリラックス空間系デザインの流れとも言える、あまり飾り気のないシンプルな白い空間で、暖かみのある木材を利用した、カリフォルニアデザインの様なデザインのトーンを持たせることになりました。

ここまで、コンセプトストアでのオペレーション方法やデザインのトーン＆マナーを、クライアントと一緒に共有しながら進行してきました。ここからはプロトタイプのフェーズに入ります。前述の業態やデザインを、プロトタイプ店舗を設定して具体的につくっていきます。一番搾りフローズンガーデンのプロジェクトでは、都心の空地に仮設建築をつくり、屋外を広く使ったプロトタイプの店舗デザインを一つと、路面の1階を想定したプロトタイプの店舗デザインを一つ、計2パターンのプロトタイプ店舗を設定しました。基本的なアプローチは、仮設建築を伴ったプロトタイプ店舗を理想型とし、その考え方やデザインの要素を路面店バージョンにも落としていく主従関係になります。

仮設建築型プロトタイプ店舗デザイン開発

ここまでのアプローチを踏むことで、一番搾りフローズンガーデンをデザインするにあたって必要になる、「設計与件」がすでに存在することになります。一般的な建築や空間デザインの与件であれば、与えられた敷地面積に対して、具体的な床面積か、空間内に占める機能の比率によって面積が設定されており、それをどの様な考え方で優先順位をつけてゾーニングしていくべきか、というオリエンテーションが行われます。しかし一番搾りフローズンガーデンは、ここまでに決めたコンセプトや考え方、空間を作る3つの要素から、空間の設計与件をまとめていきます。

まず踏まえるべきことは、オペレーションを実現するためのゾーニングです。ここを踏まえなければ、開店した後、オペレーションが狂ってしまいます。

1　キャッシュオンデリバリーを実現するためのオペレーション

スターバックスコーヒーを始めとしたその他のキャッシュオンデリバリーの店舗は全てそうですが、お客様が店内に入ってきて目立つ所に、商品をオーダーし、会計を済ませるためのスタンディング形式のハイカウンターがあります。一番搾りフローズンガーデンの店舗でも同様に、店内に入った正面に、オーダー兼商品受け取りのカウンターを設けました。

2　テイクアウトのオーダースタイルのためのフードショーケース

ヨーロッパのキャッシュオンデリバリーのカフェには、カウンターの横にガラスのショーケースがあり、その中にサンドイッチやパニーニが入っていたりします。レジカウンターでは、自分が頼むコーヒー等と一緒に食べるものを目の前で選ぶことが出来、オーダーを受けたスタッフはオーブンで暖めて、コーヒーと一緒に提供します。一番搾りフローズンガーデンもそういったオペレーションを導入するために、オーダーカウンターの横にガラスのショーケースを設け、その中にフードメニューを陳列しました。最終的にはフードメニューが豊富になったため、オーダー時にそのまま受け取れるものもありましたが、多少の調理が必要なものは番号札をお渡しし、スタッフが後で持っていくオペレーションをとりました。

3 フローズンビールがつくられる、ライブなエンターテイメント感

このプロジェクトがスタートする際に、初めてクライアントと顔を合わせたのが、横浜にあるキリンビール生麦工場内の生産ラインの横にある小さな部屋でした。そこには、まだ完成していないフローズン生成サーバーがありました。ブランドチームと技術チームの人たちがとても楽しそうにこのサーバーの説明をしてくれました。説明の後さっそくフローズンビールをつくってもらったのですが、サーバーの注ぎ口から、ソフトクリームの様な物体がにょろりと出てきて、ビールの上に浮かぶ様子は初めて目にする驚きがあり、同席していたスタッフ全員で「おおー」と感動したのを覚えて

います。プロジェクトを進行するにつれてその光景は普通になっていくのですが、一番搾りフローズンガーデンに初めて来店してくれたお客様にとって、フローズンビールができ上がる瞬間を目にするのは、飲む瞬間の次に驚きのある体験だと感じていました。その体験は、店舗でも一つの価値を形成するインパクトがあります。スターバックスのケーススタディの際にお話しさせていただきましたが、目の前でバリスタがコーヒーを作ってくれる光景、寿司屋のカウンターで、目の前で自分の寿司が握られる光景等、食に対するライブなエンタメ感は、日本人は大好きです。ゆえに、この一番搾りフローズン〈生〉を生成するサーバーは、お客様がレジでお会計を済ませたあと、目の前で自分のフローズンビールが出来上がる瞬間を見届けられるように、レジカウンターの背面にお客様に注ぎ口を見せる角度で設置することにしました。

ここまでくると、キャッシュオンデリバリーに対応した店舗として、オペレーション部分を踏まえたゾーニングとカウンターデザインはできたも同然です。次にお客様が滞在するための、居住空間のあり方について考えていきたいと思います。

空間全体を包むデザインのトーン＆マナーは、リラックスできる居住性を加味して、白をベースにウッドを利用した空間デザインです。そこに、アクセントとして、黒いペンダント照明をぶら下げることにしました。これは必然的な要素ではなく、空間を殺風景にしない演出的な要素です。

このデザイントーンの空間で、若者たちがリラックスしながら仲間たちと盛り上がり、楽しい時間を過ごしてくれるための空間づくりを考えました。

4　友人同士の関係性をさらに近づける、コミュニケーションカウンター

一番搾りフローズンガーデンの空間で、この空間のあり方を決定づけるデザインモチーフとして導入したのが、店内と店外をくねくねと曲がりながら繋いでいく客席カウンターです。ドイツのビアフェスに行くと、一列に繋がったカウンターがずらりとホ

ールの中に並んでいるのをご存知でしょうか。プロジェクトのミーティングをしている際に、ドイツのビアフェスの雰囲気はなぜ楽しいのか、という話題から、カウンターの幅に話が及びました。ドイツビアフェスのカウンターの幅はだいたい45～48㎝くらいの幅になっています。この普通に考えると対面の人と近すぎる距離が、実は人同士の距離を縮めて、皆が仲良くなる感覚で楽しいのではないか、という話になりました。じつはこの仮説はまんざら憶測ではなく、建築の設計計画で規定してある、人間の距離感の話ともリンクしているのです。建築計画上、0～45㎝を「密接距離」と言い、45㎝～90㎝を「個人距離」と言います。密接距離とは、恋人の様に親密な関係にある人と共有する距離で、個人距離は友人等と共有する距離です。一番搾りフローズンガーデンでは、この2つの距離の境界値あたりで来場者が時間を過ごせるように、カウンターの幅を48㎝に設定しました。この距離で人々が時間を過ごすことによって、もともと知り合い程度だった人たちはさらに仲良くなり、もともと仲の良かった人たちはさらにもっと仲良くなる、そんな場が生まれることを目指しました。さらに、ドイツのビアフェス同様に椅子をベンチ形式として繋げているため、隣り合った違うグループとも一緒に座っている感覚になり、会場全体に連帯感が生まれます。こういったコミュニティの連鎖が、店内、店外へと繋がり、賑わいが街にまで広がっていくイメージで、このコミュニケーションカウンターと名付けたカウンターを店内に配置していきました。

5 フォトジェニックな外観デザイン

ここまでのデザインアプローチででき上がった空間で、若者たちがビールを楽しんでくれる場がつくれているかもしれません。しかし、一番搾りフローズン〈生〉でしか実現できない空間を目指すために、商品のコミュニケーションのコンセプトとして設定した、「フォトジェニックビール」にとっての場所となるように、ビアガーデンのデザイン自体にもフォトジェニックなモチーフを導入することにしました。そもそもターゲットとなる若者は、日常的にSNSでシェアするネタ（被写体）を探しています。もちろん、一番搾りフローズン〈生〉の外観もそうですし、皆で盛り上がっているシーンもシェアの対象になります。そういったシェアを活発に生み出すために、若者に〝撮影モード〟に入ってもらうことが必要です。若者が、一番搾りフローズンガーデンを訪れた時に、その外観を発見した瞬間から撮影モードになるように、フローズンの泡のサインを大きくあしらった外観を導入しました。この泡のサインは、プロトタイプデザイン時には建物の上部にサインとして設置したのですが、実施に至っては、建築的に可能な店舗だけ、泡のゲートサインとして発展させ、泡の中を通って店内に入るデザインとしました。一番搾りフローズンガーデンの展開期間中、もっとも多かったSNSの投稿はもちろん商品を被写体とした写真でしたが、次いでこの泡の外観を持った店舗の写真が多く投稿されました。

こうして一番搾りフローズンガーデンは、若者が一番搾りフローズン〈生〉を片手に仲間と集まり楽しむ、気軽で自由な、フォトジェニックな場所としての形を有していきました。

一番搾りフローズンガーデンはさらに、ここまでの要素に加えて、次の要素を実現しています。これらも、若者の心を捉えた要素として大きいものだと考えています。

6　ビアガーデンなのに、屋外も含めて全席禁煙

ビアガーデンの全席禁煙化は、理想と収支の狭間で大きな議論になりました。一番搾りフローズンガーデンは体験型プロモーションの一環ですが、ここの店舗運営費は、売上の収益で賄うというミッションを持っていたからです。はたして全席禁煙のビアガーデンに、お客様が溢れてくれるのか。ビアガーデンで屋外も禁煙にするという決定は難しいものでした。しかし、ターゲットに設定した若者のライフスタイルにはタバコは存在しません、女性客も意識した明るく楽しい心地よい店舗という、ブランドが持つべきイメージを優先し、最終的に屋外を含めた全席禁煙となりました。これだけは、開店してみないとお客様の反応はわからないという状況でしたが、結果的に来

場者は全国で37万人にのぼり、かつ来場者の6割が女性という、従来のビアガーデンとは異なるビールシーンの創造に成功しました。

7 フォトジェニックな店内ツール

デザインのディテールに入るのですが、店内で使われるポップやコースター等のツールも、泡のフォルムを強調するデザインで仕上げていきました。こういった細かい部分の演出も、フォトジェニックなビールをつくるうえで大切でした。結果、コースターを持ち帰るお客様や、コースターを持って自分と一緒に撮った写真がSNS上に流れたりと、少なからずフォトジェニックビールを象徴するアイテムとなりました。

8 友人を誘って得をするクーポン

一番搾りフローズンガーデンの集客を目的としたフェイスブック施策として、友達のタイムラインに発行できる枝豆大盛り無料クーポンを導入しました。仲間と一緒に楽しむ場であることから、自分一人でクーポンを入手するのではなく、友達を誘うことで発行できる、という部分がポイントです。

こうして、一番搾りフローズン〈生〉は、商品だけではなく、それを取り巻く全ての施策やシーンも含めて、若者に向けた新しいビール文脈へと向かっていきました。一番搾りフローズンガーデンの来場者数は、当初目標とした16万人を大きく上回り、37万人を集客し、うち6割を女性が占めました。また、おうちでフローズン〈生〉キャンペーンは、目標の3倍の応募を獲得し、一般料飲店に導入していった業務用の一番搾りフローズン〈生〉サーバーは生産可能台数の上限まで達成しました。メディアへの露出も、テレビ番組に50件以上取り上げられ、その他の媒体露出も計約450件に及びました。

一番搾りフローズン〈生〉という、キャッチ力の強い商品と、他にない体験が合わさることで、強いブランドが生まれることを感じていただけたでしょうか。

一番搾り FROZEN GARDEN
一番搾り FROZEN GARDEN
一番搾り
FROZEN GARDEN

第6章　デザインイノベーションへの挑戦

――「表参道布団店。」

2013年の夏、僕は「表参道布団店。」という、新しい布団ブランドを知人と共同で立ち上げました。

この布団ブランドに取り組んだ理由は、一枚でも多くの布団を売りたいということではなく、デザイナーが経営者として経営に関わることで、経営にとってのデザインの重要性と、経営におけるデザイナーの役割や動き方を、実業をもって取り組みたいという思いからでした。

「なぜ、布団?」と思われる方がいらっしゃるかもしれませんが、世の中のあらゆる商品にデザインの文脈が浸透している現代において、数十年前から同じ様な花柄の商品を売っている布団業界は、まだまだデザインが浸透しているとは言えません。中には、少ないデザインの選択肢の中で、妥協的な判断で布団を購入していらっしゃる方も多いのではないでしょうか。もちろん布団にデザインは必要ないと思われる方もいらっしゃると思いますが、少なくともデザイナーにとっては、布団業界はデザインの力でできることがたくさんある領域だと感じます。

そもそも僕が、デザインでマーケットをつくっていきたいと思うようになったのは、メーカーのデザイナーではなく、メーカーに関わる外部のデザイナーとして日本のメーカーを見つめてきたからだと思います。僕が博報堂に入るきっかけとなった、「日本企業の空間を、外国ブランドの様に洗練された空間にしていきたい」という想いは、「ブランド戦略に基づいたデザインを実行していくことが企業資産をつくる」という考え方に変わっていきました。そしてここまで書いてきたように、デザインがブランドに与える影響は大きいという考え方は、僕にとって変わらない価値観になっていきました。

もちろんデザイナー視点だから、ということもありますが、ブランドの意思がデザインに反映されていない日本企業の商品は、「ブランド＝商品」という構図になっているとは言い難く、ブランド戦略の敗北によって日本ブランドが海外ブランドにシェアを奪われている現状をもどかしい思いで見ていました。

日本のメーカーが〝ジャラパゴス〟と言われて久しい状況が続いていますが、日本のメーカーはこの状態を脱することができるのでしょうか。このような状態に陥っている要因の一つとして、「技術革新こそ顧客が求めていること」という、偏った考え方を、多くのメーカーが持ち続けているからという理由が考えられます。不必要な機能を削ぎ落とすことで価格を下げ、無駄な機能（ボタン）を減らすことでデザインの精度を向上させるという、競争力のあるグローバルメーカーが当たり前に取り組んでいる努力を、多くの日本のメーカーはなかなか取り組みません。この原因の一つには、組織の問題があります。経営者がいて、技術者がいて、デザイナーがいるという、日本企業の伝統的な3者のヒエラルキーがありメーカーが発表する新しい商品には、必ず複雑で新しい機能が付加され、デザイナーはそれらを纏うデザインを考えるにすぎません。この場合デザイナーが関わっているプロセスは、モノづくりではなく、モノの見せ方のフェーズでしかありません。モノづくり企業は本来、経営者とデザイナーと技術者が三位一体であるべきで、そこにヒエラルキーが存在すべきではありません。このようなシンプルなことが、なぜ経営判断として実践できないのでしょうか。それは、他社の製品と明らかな差別化を説明できる具体的な機能とは異なり、デザインという、価値を生んでいるのかいないのかわかりづらい、しかも人によって捉え方が曖昧な要素を商品価値として価格に反映するための判断基準を持てないからです。経営者は、新しく付加された機能を説明し、その機能が付加されたことで価格が上昇する説明を顧客にできても、機能を削り、デザインを洗練させたことで価格が上昇するという説明はできないのです。

機能が、顧客のニーズを超えて過剰な進化をし続けている日本の産業で、これからのモノづくりに必要なのは、ものごとの整理をし、可視化する、デザインの文脈です。もちろん商品の基盤となる機能の進化は必要です。しかし過剰な機能を付加することは、顧客から「わかっていない」という烙印を押されることを企業は知っておくべきでしょう。

布団業界も同様に、デザインやブランドイノベーションによる新たな企業は生まれておらず、老舗大手企業が機能性を追求した商品開発を行っています。そして、機能性が向上した分、値段が高価になっています。もちろん、この様な高機能商品が好きな顧客も多く存在します。実際に、この手の商品の売れ行きは非常に好調です。しかし肝心のベーシックな羽毛布団はあまり進化していません。機能的に進化させられる部分が少ないベーシックな布団は、もうこのままでよいということなのでしょうか。こういった機能先行でデザイン後進の業界において、人が本来布団に求める「ふわふわと暖かく体を包みこんでくれる、心地の良いもの」をシンプルに形にした、デザイン性の高いブランドが現れたら、マーケットはどう動くでしょうか。そしてそのマーケットを動かしている戦略が、ＭＢＡホルダーが描く事業戦略ではなく、必要なプロセスを、理想的なプロダクトデザインの実現に向けて整理した、デザイナーが描いたブランド戦略ならば、デザイナーが経営に関わることの有効性が少しは証明できるのではないでしょうか。

もしこの会社が、小さくても布団業界に風穴をあけることができたら、大手企業もデザインに力を入れてくるでしょう。そうして業界全体がデザインを意識することになれば、様々なデザイナーにチャンスが生まれます。そしてそこから生まれた製品によって顧客のデザイン意識が向上することで、デザインのマーケットがまた一回り大きくなるのです。こういったスパイラルを生み出すことで、日本のモノづくりの世界にデザイン上位の概念が生まれ、今よりも魅力的な商品が世界に溢れることになります。

ではここで、「表参道布団店。」というブランドと商品のアプローチについて説明していきたいと思います。

そもそも、僕が布団ブランドを立ち上げたきっかけは、大手寝具メーカーの販売代理店を約10年間経営している知人に相談を受けたことです。それまでは布団にデザイン文脈を入れていく、という視点はもちろん、布団にデザインは関係ないという先入観さえありました。一方で大手メーカーの商品の販売を続けているその知人は、若年層に向けた商品が欠けていて、そういった状況に危機感を持っていない業界に対して疑問を感じているようでした。また、羽毛布団の値段の付け方も透明性が低く、合理的な価値観を持つ若い世代に対しても売りにくい商品となっていました。

そういった背景から、都市生活において、モダンなライフスタイルやインテリアに囲まれた生活を送る、スマートな価値観の30～40代の世代をターゲットとした布団ブランドを立ち上げることになりました。スマートで合理的な価値観を持つ人でも、インテリアやデザインに対して関心の低い人は除外しています。デザインに共感していただけない人は、ターゲットになりえないと思っているからです。

このターゲットに向けたモノづくりをする上では、全ての過程において理由が求められます。不必要な過剰機能を削り価格を下げる必要がありつつ、クオリティを保つための必要なプロセスを削ることはできません。一方で商品価値を高める本質的な機能の向上や素材による価格の上昇は明解な理由があれば受け入れてもらえます。低価格を追求していくだけであれば、コモディティを生産する大手流通系の商品開発を上回ることはできません。

そこで、このブランドは、顧客に対して以下の3つを約束するブランドとしました。

1　国産品質

大手流通が販売する羽毛布団は、ほとんどが価格の安い中国産です。羽毛というのは動物の羽です。何も加工もしなければ生ゴミと同じとも言えます。これを、年中肌に触れる物質として清潔な商品に変えていかなければなりません。ここでは、羽毛の産地はもちろん、洗浄の技術と、洗浄に使う水の品質が非常に重要になります。もちろん、価格が安くなるならそこには拘らないという考え方の人も存在します。しかし、表参道布団店がターゲットにする顧客は、商品自体が持つ安全性や基本となるクオリティには拘る人たちです。表参道布団店では、ヨーロッパ産の羽毛を、山梨県の白州の地下天然水で、ＪＩＳ規格の2倍まで洗浄し、世界最高レベルで清潔な羽毛布団をつくる、という国産品質を掲げることにしました。もちろんこれに伴い、洗浄コストがかさみ販売価格が上昇します。しかし、これは商品クオリティに関わる本質的な理由なので、ターゲットがブランドを疑う理由にはなりません。むしろこの価格上昇は、メーカーとしての「こだわり」として、信頼を生みます。

2 デザイン

表参道布団店のブランドや商品のデザインは、非常にシンプルなデザインを持たせています。そもそも派手なデザインであれば、既存メーカーに任せておけばよいと思っています。5年、10年使う商品が時間を経ても変わらない価値を持ち続けるために、機能が美しいデザインとして形を有する、アノニマスなデザインを目指すべきだと思っています。しかし、ただ白いだけであれば、流通でも作れる商品になってしまいます。

羽毛布団は、羽毛が布団のなかで寄らない様に縦方向と横方向にマチを入れ、マチで区切られた内部空間内に羽毛を注入します。一般的な羽毛布団であれば、このマチの形状は正方形に近いものが多く、白い羽毛布団の表面はマチの縫い目で正方形の模様を有していると思います。表参道布団店の羽毛布団は、このマチの入れ方に特徴を持たせてあります。一般の羽毛布団に比べ、マチを縦方向に多く入れ、短冊形の表面模様をつくっています。これは、国産品質の布団として、日本的な要素をデザインに取り入れたいという思いから、和を想起させる短冊形のマチの縫い目で布団のフォルムがつくられるようにデザインにしたという理由が一つ。そして、マチを縦方向に入れることで、寝返りを打つ際に布団が体にフィットし、寝返りをうちやすくし、体と布団との隙間も軽減できるという機能的理由もあります。また、マチの数を増やすことで布団のフォルムにモコモコ感が生まれ、雲や綿飴みたいに柔らかそうで、気持ちの良さそうな印象を与えるという情緒的な要素に関わる理由が一つです。布団には様々なサイズがありますが、すべてのサイズでこのデザインを踏襲しており、このデザインは現在、実用新案を取得しました。

3　明解な価格

布団業界の価格は、高機能高価格商品と、コモディティ化した低価格商品の2極化が進行しています。低価格を追求する過程においては、商品が本来持つべきクオリティを軽視したモノづくりが行われていますし、高機能高価格商品は、機能性の向上に伴い、何に値段がついているのかわからない価格になっています。表参道布団店の価格設定は明解です。使用する羽毛の値段と、それを包む生地の値段、国内での洗浄・縫製の費用に、一定の企業利益で構成されています。原材料の値段が上がれば価格は上がりますし、下がれば価格も下がります。現在は商品に値段がついた売り方をしていますが、いずれは原料に値段をつけ、羽毛の量と生地の組み合わせで値段が決定していく、単純明解な購買プロセスに変えていくつもりです。こういった、値段も含めて理由が説明できる透明性は、ターゲットとしている顧客の価値観に合わせたものです。

以上の3つが、表参道布団店として、企業が存在する限り顧客に対して約束する具体的な価値です。企業利益を追求する過程において、これら価値のどれかをないがしろにすることが、顧客離れの始まりだと思っています。

次に、経営体制の話をしたいと思います。

先に説明した様に、メーカーのあるべき姿は、経営と、デザインと、技術が三位一体となって、モノづくりに挑む体制です。そういった意味では当初の表参道布団店には、経営とデザインしかなく、技術者が必要でした。そこで、定年まで大手布団メーカーで役員を勤められ、布団作りの技術や、業界のネットワークに精通されていた、手呂内憲氏に、技術者としてブランドに参加していただき、商品開発を見てもらうことにしました。手呂内氏の参加により、三位一体の体制が完成し、ここから表参道布団店のモノづくりが始まりました。表参道布団店の布団を生産する工場も、目指す布団づくりができる技術を持つ工場を選定しました。布団職人には、表参道布団店の独自の布団作り技術教育も行っています。

三位一体の経営体制における、商品開発のプロセスは非常にスピーディです。最初の商品企画の段階で、価格帯とデザインの方向性が決まります。それが技術的に可能かの判断はその場でできます。あとは具体的な設計を起こし、工場に商品サンプルを依頼し、サンプルを実体験し、3人とも合格を出せば商品化されます。このスピード感は、三位一体経営だからこそなせる技だと思っています。

次に、ネーミグとブランドのデザインの話をしたいと思います。

ネーミング

布団を寝具ではなくインテリア用品としての価値づくりをしていこうと考えた時に、インテリアを想起しやすいネーミングが必要だと考えました。そのために、「表参道」という地名を取り込み、「表参道」という地名が持つファッションやインテリアのイメージをそのままブランドに取り込もうと思いました。また、オリジナルなブランド名だと、ブランド名を認知してもらうまでにかかるコミュニケーション費用もばかにならないため、誰でも知っている、「表参道」に、「布団店」をつけただけの、シンプルなものにしています。そして1号店も青山に出店しました。

ロゴデザイン

「表参道布団店。」のロゴデザインは、③のマークと、ワードマークが組合わさったものです。③は、先ほどご説明したブランドが顧客に約束する3つの約束「国産品質」「デザイン」「明解な価格」の意味が込められています。ワードマークは、日本的な要素を持ちつつも、古いイメージにならない用に、明朝体ではなく、やや日本要素を有したゴシック体で組みました。余談ですが、「表参道布団店。」には、「。」が付いています。もともとは「表参道布団店」だったのですが、あと一画加われば非常に縁起の良い画数になる、ということで足されました。せっかくなら縁起がよいことを選んで悪いことはありません。

最後に、事業戦略とサービスデザインの話をしたいと思います。

21世紀のメーカーの販売チャネル

20世紀にメーカーがモノを売るには、百貨店や小売店、代理店を含めた販売チャネルを少しでも多く確保していく必要がありました。しかし21世紀の今、メーカーはインターネットで直販をすることができます。その時に店舗の役割は「ショールーム」と割り切ることもできるのではないでしょうか。

例えば、アメリカのアパレルブランド「アバクロ」の店舗は販売もしていますが、むしろブランドショールームとしてのポジショニングを強く意識した店舗展開をしています。店内は暗く商品を売るために最適な照明とは言えません。しかも店内は大きな音で音楽が流され、店員は踊っています。店舗内は、アバクロの香水の香りで満たされています。アバクロのお店は商品を売るためにあるのではなく、「アバクロとはどういうブランドか」を強烈に伝えるために存在し、主な販売チャネルの役割はECサイトが担い、各タッチポイントの役割を明解にしています。

いま「表参道布団店。」は青山に商品を購入できる店舗を1店構えていますが、その主な目的はショールームです。少しでも売上を増やすことを目的とすると、多店舗出店が必要ですが、インフラ投資を抑え、持続可能な小規模経営を維持するには、少数ショールーム+ネット販売でも、十分に企業として成立していくことができると考えています。ちなみに現在の売上げ構成費は、店舗が7割、ネットが3割ですが、これから知名度が上がるにつれて、割合は逆転すると見込んでいます。

売り物は、デザインという考え方

売り物を「布団」ではなく、「布団のデザイン」と捉えた時に、「表参道布団店のデザインを売る」という布団そのものを売る以外のサービスも生まれてきます。表参道布団店では、2014年の4月から、「リ・デザイン」というサービスを開始しました。これは、生活者が今、現在使用している布団（表参道布団店の布団ではなく）を引き取り、表参道布団店の布団と同じデザイン、同じクオリティにリフォームしてお届けするというサービスです。リフォームのステップですが、まず使用中の羽毛布団を引き取り、中身の羽毛だけを取り出し、白州の地下水で奇麗に洗浄し、汚れた羽毛を再生します。洗浄に伴い、チリや羽毛のカスがなくなり羽毛重量が減少するので、その分を、表参道布団店で使用している羽毛で充填し、重量を戻します。最後に、他の商品と同じ綿100%の生地で包み、「リ・デザイン」商品専用のタグを付けて完成です。これは、表参道布団店のデザインは欲しいけど、今の布団を捨てるのはもったいない、と感じているお客様に向けてできたサービスです。

モノの売り方を時間単位にする

1章でレンタカーやカーシェアリングは、車という商品を体験で捉え、時間単位で商品化しているサービスと説明しました。この視点に立った時、布団でも同様のサービスが可能です。例えば1シーズン布団をレンタルし、シーズンが終われば引き取り、洗浄し、来シーズンにまた貸し出すサービスです。布団は洗濯や保管が面倒な商品なので、メーカーが所有することで、生活者の新しい布団との付き合い方が生まれます。また羽毛布団の

表参道
布団店。

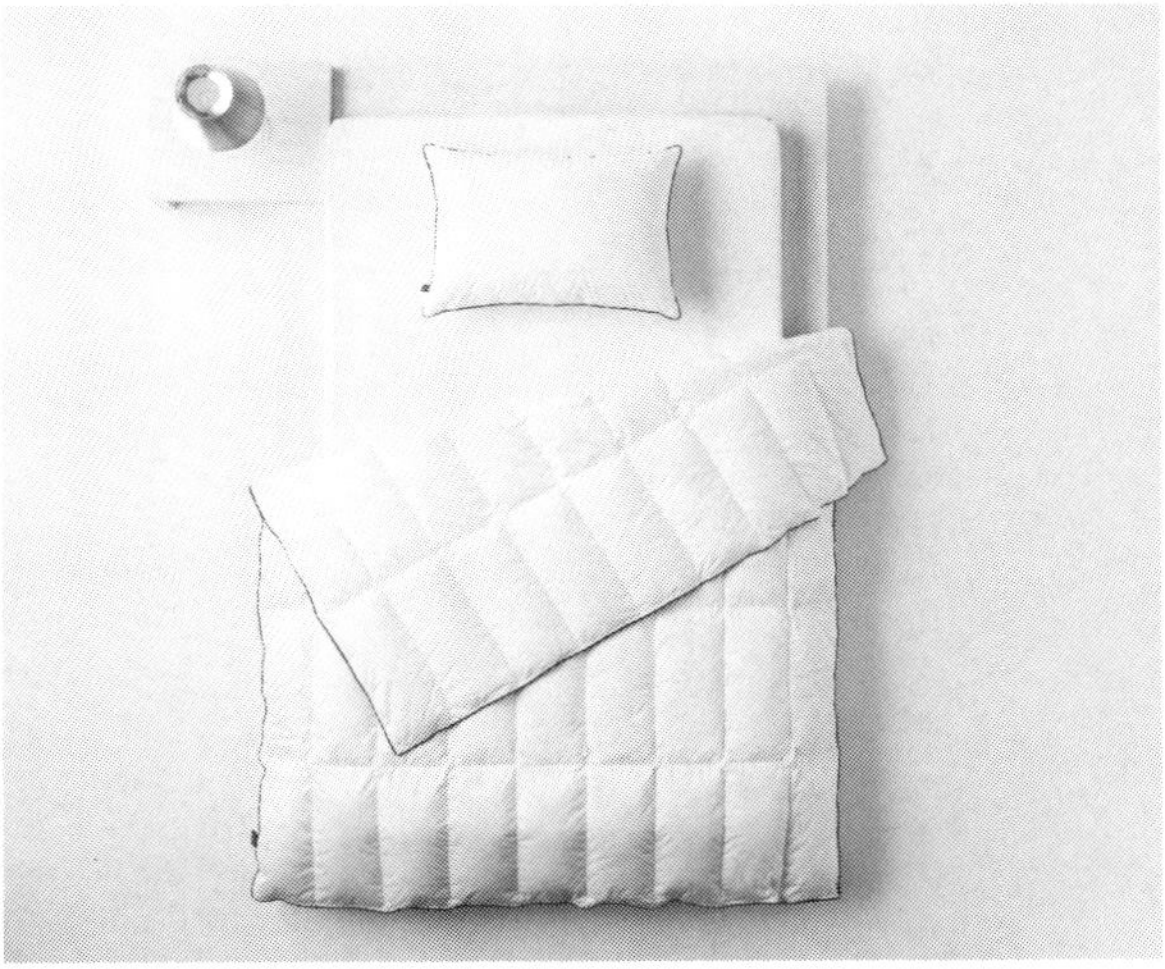

リース事業に取り組めば、ホテルなどを対象としたＢ to Ｂビジネスにも参入できます。これらのビジネスは、どれも単体で見れば、すでにサービス化されていたりもしますが、これを1ブランドが統一されたブランドマネジメントのもとで全て展開することで、カスタマーエクスペリエンスが構築され、魅力的なブランドとして成長していくと考えています。

表参道布団店では、商品デザインだけに注力するのではなく、顧客の企業体験、企業との関係の持ち方もデザインすることで、世の中にたくさんある布団ブランドとの差別化をはかり、中長期的なブランディングを心掛けています。短期的な売り上げを稼ぐための販売促進的要素を極力減らし、10年後も、一定の規模とファンを保ち続ける企業でありたいと思っています。

おわりに

デザイナーの役割が変わり始めました。むしろ「デザイナーの意識が変わり始めた」と言った方がよいのかもしれません。少し前まで、デザイナーにとっては〝アーティスト〟としての知名度を獲得していくことが成功への第一歩であり、それこそデザイナーの生き様だと思っていました。しかし欧米ではアートとデザインを明確に区別し、デザインコンサルティングやブランディングという領域で、デザイナーの役割が存在します。

日本でもこの様な活動をしているデザイナーはいますが、デザイン業界全体がそこに向かっているわけではありません。経済活動におけるデザイナーの役割は、見た目をつくることだけではなく、見えない価値をつくることにもあります。この様な企業価値をつくる仕事を魅力的に感じていないデザイナーもたくさん存在します。しかし、日本がものつくりリーディングカントリーとして生き続けるために、デザイナーが果たすべき役割はデザイン以外にもたくさんあります。そのためにデザイナーは、右脳だけを動かす仕事や、作品づくりにだけ没頭するのではなく、経営者のパートナーとして、デザイン発想の舵取りを行う時代にきています。

デザイナーが経営に関わるためには、自分のエゴを捨てる覚悟が必要です。そのかわりに世の中に広く使われ、長く愛される商品やブランドを、自分と経営者との共通の意思で送りだすという非常にダイナミックで魅力的な仕事に取り組むことができます。

経営者は、うまく組めばおもわぬギフトをもたらすデザイナーをもっと経営に活かすべきですし、デザイナーは、経営者の期待に応えるための視点や思想を持つための努力をしなければなりません。

日本でも、デザイン経営の時代は始まっています。

最後に、この本を出版する機会を与えて下さり、編集にもご尽力いただいた宣伝会議の谷口優さん、この本の装丁デザインを担当してくれた博報堂の服部公太郎さん、本当にありがとうございました。また、僕にたくさんの仕事の機会と経験を与えてくださったクライアントの皆様に感謝し、この本の執筆を終えたいと思います。

アーキセプトシティ　代表　室井淳司

体験デザインブランディング
ーコトの時代の、モノの価値の作り方—

発行日　2015年5月10日　初版

著者　室井 淳司

発行者　東 英弥

発行所　株式会社宣伝会議
〒107-8550
東京都港区南青山3-11-13
TEL.03-3475-7670（販売）
TEL.03-3475-3010（代表）
URL.www.sendenkaigi.com

印刷・製本　中央精版印刷株式会社

ISBN 978-4- 88335-309-5　C2063